Kauderwelsch

Hans Leu

Hocharabisch

Wort für Wort

REISE KNOW-HOW
im Internet
www.reise-know-how.de
info@reise-know-how.de

Aktuelle Reisetipps
und Neuigkeiten,
Ergänzungen nach
Redaktionsschluss,
Büchershop und
Sonderangebote
rund ums Reisen

Kauderwelsch-Sprechführer sind anders!

Warum? Weil sie Sie in die Lage versetzen, wirklich zu sprechen und die Leute zu verstehen.

Wie wird das gemacht? Abgesehen von dem, was jedes Sprachbuch bietet, nämlich Vokabeln, Beispielsätze etc., zeichnen sich die Bände der Kauderwelsch-Reihe durch folgende Besonderheiten aus:

Die **Grammatik** wird in einfacher Sprache so weit erklärt, dass es möglich wird, ohne viel Paukerei mit dem Sprechen zu beginnen, wenn auch nicht gerade druckreif.

Alle Beispielsätze werden doppelt ins Deutsche übertragen: zum einen **Wort-für-Wort**, zum anderen in „ordentliches" Hochdeutsch. So wird das fremde Sprachsystem sehr gut durchschaubar. Denn in einer fremden Sprache unterscheiden sich z. B. Satzbau und Ausdrucksweise recht stark vom Deutschen. Ohne diese Übersetzungsart ist es so gut wie unmöglich, schnell einzelne Wörter in einem Satz auszutauschen.

Die **Autorinnen** und **Autoren** der Reihe sind Globetrotter, die die Sprache im Land selbst gelernt haben. Sie wissen daher genau, wie und was die Leute auf der Straße sprechen. Deren Ausdrucksweise ist nämlich häufig viel einfacher und direkter als z. B. die Sprache der Literatur oder des Fernsehens.

Besonders wichtig sind im Reiseland **Körpersprache, Gesten, Zeichen** und **Verhaltensregeln**, ohne die auch Sprachkundige kaum mit Menschen in guten Kontakt kommen. In allen Bänden der Kauderwelsch-Reihe wird darum besonders auf diese Art der nonverbalen Kommunikation eingegangen.

Kauderwelsch-Sprechführer sind keine Lehrbücher, aber viel mehr als Sprachführer! Wenn Sie ein wenig Zeit investieren und einige Vokabeln lernen, werden Sie mit ihrer Hilfe in kürzester Zeit schon Informationen bekommen und Erfahrungen machen, die „sprachlosen" Reisenden verborgen bleiben.

Inhalt

Grammatik

Konversation

Anhang

Der Koran

Vorwort

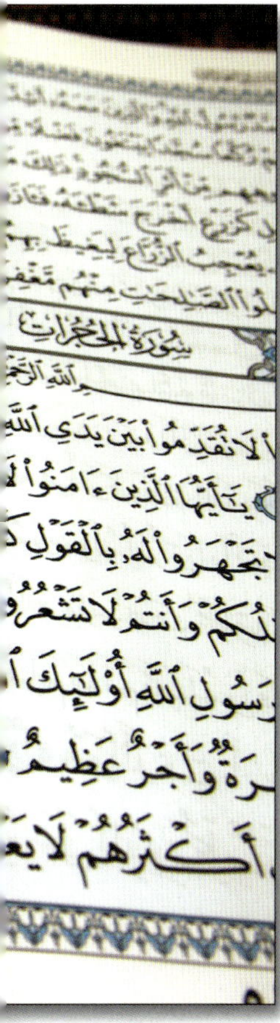

Spielen Sie mit dem Gedanken, sich etwas Arabisch anzueignen? Sie glauben, die Sprache sei viel zu schwierig für gewöhnliche Sterbliche? Sicher, Arabisch gehört nicht zu den leichtesten Sprachen dieser Welt; dennoch gibt es einfache Wege, um es zu beherrschen. Gemessen an der Anzahl der Sprecher/Innen ist Arabisch die viertgrößte Sprache der Welt. Aber nicht alle 150 Millionen Sprecher sprechen das gleiche Arabisch: Die arabische Sprache besteht aus mehreren Dialekten, die allerdings räumlich nicht so eng begrenzt sind wie etwa die deutschen Dialekte. Diese Dialekte sind die eigentliche Muttersprache. Der Grad der Gemeinsamkeiten der einzelnen Dialekte untereinander ist sehr unterschiedlich. Ein Marokkaner kann einen Algerier noch gut verstehen, aber mit Sicherheit keinen Jemeniten mehr. Mit dem muss er sich dann in der Hochsprache, die in diesem Band vorgestellt wird, unterhalten. Ausländer werden von Arabern meist in Hocharabisch angesprochen, da sie davon ausgehen, dass diese nur Hocharabisch sprechen können.

Mit dem modernen Hocharabisch wird man in der gesamten arabischen Welt verstanden werden, darüber hinaus auch in anderen islamischen Ländern. Allen, die diese Sprache kennen lernen möchten, wünsche ich viel Spaß und Erfolg! Hans Leu

Hinweise zur Benutzung

Der Kauderwelsch-Band Hocharabisch ist in drei wichtige Abschnitte gegliedert:

Grammatik

Die Grammatik beschränkt sich auf das Wesentliche und ist so einfach gehalten wie möglich. Deshalb sind auch nicht sämtliche Ausnahmen und Unregelmäßigkeiten der Sprache erklärt. Natürlich kann man die Grammatik auch überspringen und sofort mit dem Konversationsteil beginnen. Wenn dann Fragen auftauchen, kann man immer noch in der Grammatik nachsehen.

Wer nach der Lektüre gerne noch tiefer in die Grammatik eindringen möchte, findet im Anhang weiterführende Literaturhinweise.

Konversation

Im Konversationsteil finden Sie Sätze aus dem Alltagsgespräch, die Ihnen einen ersten Eindruck davon vermitteln sollen, wie die arabische Sprache „funktioniert" und die Sie auf das vorbereiten sollen, was Sie später im Vorderen Orient hören werden.

Wort-für-Wort-Übersetzung

Jede Sprache hat ein typisches Satzbaumuster. Um die sich vom Deutschen unterscheidende Wortfolge arabischer Sätze zu verstehen, ist die Wort-für-Wort-Übersetzung in kursiver Schrift gedacht.

Jedem arabischen Wort entspricht ein Wort in der Wort-für-Wort-Übersetzung.

Wird ein arabisches Wort im Deutschen durch zwei Wörter übersetzt, werden diese zwei Wörter in der Wort-für-Wort-Übersetzung mit einem Bindestrich verbunden, z. B.:

aktubu ilâ Aḫmad.
ich-schreibe an Ahmed
Ich schreibe an Ahmed.

ana almânî / swîsrî.
ich Deutscher / Schweizer
Ich bin Deutscher / Schweizer.

Wörter, die man untereinander austauschen kann, werden durch Schrägstrich getrennt.

Gelegentlich ist es notwendig, entweder die männliche oder weibliche Form des Eigenschaftswortes zu benutzen, beispielsweise wenn ein Mann oder eine Frau den Satz spricht, wenn ein Mann oder eine Frau angesprochen wird oder aber, wenn man über einen Mann oder über eine Frau spricht. Im arabischen Satz und in der Wort-für-Wort-Übersetzung sieht das so aus:

anta / anti mabsû<u>t</u> / mabsû<u>t</u>a.
du(m/w) zufrieden(m/w)
Du bist zufrieden.

In diesem Beispielsatz wird jeweils die männliche Variante des persönlichen Fürwortes benutzt, wenn man einen Mann ansprechen will, jeweils jedoch die weibliche Form, wenn man eine Frau anspricht. Wann welche Form benutzt werden muss, hängt vom persönlichen Fürwort ab!

Mit einem kleinen bisschen Kreativität und Mut können Sie sich neue Sätze „zusammenbauen“, auch wenn das Ergebnis grammatikalisch nicht immer perfekt ausfällt.

Mit Hilfe der Wort-für-Wort-Übersetzung können Sie bald eigene Sätze bilden. Benutzen Sie die Beispielsätze als Fundus von Satzschablonen und -mustern, die Sie Ihren eigenen Bedürfnissen anpassen.

Die **Wörterlisten** am Ende des Buches enthalten einen Grundwortschatz von je ca. 1000 Wörtern, mit denen man schon eine ganze Menge anfangen kann.

Über die arabische Sprache

Hören Sie sich Ausprachebeispiele mit Ihrem Smartphone an! Ausgewählte Kapitel im Konversationsteil sind dafür mit einem QR-Code ausgestattet.

Nach wie vor streiten sich Wissenschaftler darüber, ob es „das Arabische" jemals als einheitliche Sprache, so wie das Deutsche, gegeben hat. Fest steht, dass die Bewohner der arabischen Halbinsel vor dem 6. Jhd. n. Chr. eine semitische Sprache gesprochen haben, aus der das Arabische hervorgegangen ist. Zur semitischen Sprachfamilie gehört auch die hebräische Sprache und das Äthiopische sowie viele alte Sprachen, die fast alle vom Arabischen – nach dessen Ausbreitung – verdrängt wurden.

Das erste ausführliche Dokument im Arabischen ist der Koran, für die Muslime Gottes Wort, das durch Muhammed verkündet wurde. Die Sprache des Korans ist eine Literatursprache, die einst allen Arabern verständlich war. Darüber hinaus wurde wohl auch damals in jedem Stamm der eigene Dialekt gesprochen.

Als viele arabische Stämme ab dem 7. Jhd. n. Chr. die arabische Halbinsel verließen, um sich in allen Gegenden des neuen arabischen Reiches anzusiedeln, trugen sie ihre Sprache in ein Gebiet, das sich vom Atlantischen Ozean bis zum Persischen Golf erstreckt. Vorher wurden in diesen Gebieten andere semitische Sprachen, so z. B. Syrisch, oder Dialekte des Lateinischen und sogar noch Altägyptisch (Koptisch) gesprochen. Der Islam verdrängte diese Sprachen, denn für ihn ist nicht nur das Wort Gottes heilig, sondern auch die Sprache, in der es herabgesandt wurde: das Arabische.

Die alte hocharabische Literatursprache hat sich zwar im Stil und vom Vokabular her sehr verändert, die Grammatik aber ist dieselbe geblieben, so dass gebildete Araber mühelos Dokumente aus dieser Zeit verstehen können. Die Bildung ist allerdings der entscheidende Faktor für die Kommunikation auf Hocharabisch. Da niemand Hocharabisch mit der Muttermilch lernt, muss man sie sich in der Schule aneignen. In der Schule wird Hocharabisch gelesen und geschrieben und fast ausschließlich Hocharabisch geredet. Jeder, der etwa ein Jahr lang in der Schule war, der eine Zeitung lesen oder einen kurzen Brief schreiben kann, der kann Hocharabisch! Jedes geschriebene Dokument kann nur in der Hochsprache verfasst werden, denn kein einziger Dialekt wird geschrieben.

Araber schätzen Hocharabisch-Kenntnisse mehr als Dialektkenntnisse, denn Hocharabisch ist ja die schöne Sprache, die Gott nicht ohne Grund ausgewählt haben kann, als er sich im Koran an die Menschen wandte.

Das hört sich an, als würden die Araber nicht zu ihrer Muttersprache, den Dialekten, stehen. Wozu gebrauchen sie eine so alte und schwere Sprache zum Schreiben? Tatsächlich will man das einigende Band der Hochsprache nicht aufbrechen. Eine Zeitung oder auch Literatur, die im jemenitischen Dialekt geschrieben wäre, könnte man in Ägypten nicht verstehen. An der allgemein verständlichen Hochsprache festzuhalten, heißt damit auch, an der nationalen Identität als Araber festzuhalten. Darüber hinaus ist man stolz auf die vielen sprachlichen Möglichkeiten und die Schönheit der Hochsprache. Deshalb sind auch die meisten Radio- und Fernsehsendungen in der Hochsprache. Hocharabisch ist nach wie vor die Bildungssprache, in der an der Uni und zu offiziellen Anlässen gesprochen wird.

Über die arabische Sprache

Nicht das alte Hocharabisch des Korans, sondern die gesprochene moderne Hochsprache wird im vorliegenden Kauderwelsch-Sprachführer vermittelt.

Jeder Araber versteht immerhin ein wenig Hocharabisch, selbst wenn er es nicht selber sprechen kann. Wer es schreiben kann, beherrscht es und kann es dann auch sprechen. In Ländern mit gutem Schulsystem, wie Syrien, Jordanien, Libanon, Palästina, Irak, Libyen oder den Ländern der arabischen Halbinsel, können die meisten Hocharabisch sprechen. Im Maghreb wurde Hocharabisch in der Schule jedoch fast vom Französischen verdrängt. Allerdings ist diese Entwicklung rückläufig, und nun wird wieder etwas mehr Hocharabisch gesprochen.

Arabisch hat aber auch als Fremdsprache eine weite Verbreitung. Der Koran z. B. muss von jedem Muslim auf Hocharabisch gelesen werden – und viele wollen verstehen, was sie da lesen. Jeder Nicht-Araber, der Arabisch anhand schriftlicher Dokumente lernt, beherrscht die Hochsprache. Deshalb ist Hocharabisch als Sprache des Korans in der ganzen islamischen Welt verbreitet. So kann es einem in Westafrika oder an der ostafrikanischen Küste interessante Türen öffnen, der ein wenig Hocharabisch kann.

Im Alltag wird fast ausschließlich im Dialekt gesprochen; alle schriftlichen Texte dagegen werden auf Hocharabisch verfasst. Hocharabisch ist die Verständigungssprache zwischen Arabern, deren Dialekte zu unterschiedlich sind; also sprechen und schreiben sie die fuṣ'ḥâ (Hochsprache).

Seitenzahlen

Um Ihnen den Umgang mit den Zahlen zu erleichtern, wird auf jeder Seite die Seitenzahl auch auf Hocharabisch in Lautschrift angegeben!

Innenhofszene aus Riad, Saudiarabien

Aussprache & Umschrift

Niemand, der mit diesem Kauderwelsch Hocharabisch lernen will, muss die arabische Schrift erlernen. Zusätzlich zur Originalschrift ist (im Konversationsteil) eine Lautschrift in lateinischen Buchstaben ergänzt, so dass man sofort mit dem Sprechen beginnen kann.

In allen semitischen Sprachen, so auch im Arabischen, leitet sich die Grundbedeutung eines Wortes aus den Mitlauten (Konsonanten), z. B. aus der Buchstabenfolge b-f-k, die dann jeweils für die ganze Wortfamilie gleich ist. Nur die Selbstlaute, die die Mitlaute miteinander verbinden, sind unterschiedlich.

In der Wortfamilie „schreiben" hängt z. B. alles an den Mitlauten k, t und b:

kataba	schreiben	**kâtib**	Schreiber
kitâb	Buch	**kutub**	Bücher

In der arabischen Schriftsprache werden deshalb auch fast nur die bedeutungstragenden Mitlaute geschrieben.

In der Aussprachetabelle ist der Name des Buchstaben in arabischer Schrift wie auch in Umschrift angegeben. So können arabische Bekannte oder Freunde gebeten werden, den Buchstaben vorzusprechen.

Mitlaute (Konsonanten)

' **Hamza**
Ein Stimmabsatz: Die Stimme wird vorher abgesetzt und der nächste Laut explosiv hervorgebracht. Im Deutschen ist dies z. B. aus „Vers'enden" im Gegensatz zu „versenden" bekannt.

	Hamza am Wortanfang steht in diesem Buch nur bei Verben; die Aussprache von Selbstlauten am Wortanfang erfolgt - wie im Deutschen – mit Stimmabsatz, z. B. wie in „Achtung“: **'akala** (essen)
b	**bâ'** „b“ wie in „**B**uch“ **bait** (Haus)
t	**tâ'** „t“ wie in „**T**uch“ **tamâm!** (einverstanden!)
th	**thâ'** ein stimmloses „th“ wie im englischen „**th**under“, das eine Nähe zum „t“ hat; nicht aber stimmhaft wie in „**th**at“, das eher zum „d“ tendiert **thûm** (Knoblauch)
dj	**djîm** stimmhaftes „dsch“ in „**Dsch**ungel“ oder „**Dsch**ingis-Khan“ **djamîl** (schön)
h	**hâ'** Ein sehr kräftig gehauchtes „h“, das fast ein „ch“ erreicht, wie es vielleicht aus dem türkischen Namen Ahmed bekannt ist. Wenn die Silbe „ha“ so laut wie möglich gehaucht wird, kommt man ihm nahe. **hammâm** (Bad)
ch	**châ'** „ch“ wie in „Bu**ch**“, nicht wie in „i**ch**“ **chubz** (Brot)

d	**dâl** „d“ wie in „**D**ach“ **dubb** (Bär)
th	**thâl** ein stimmhaftes „th“ wie in englisch „**th**at“, nicht aber stimmlos wie in „**th**under“ **thalika** (jener)
r	**râ'** ein rollendes Zungenspritzen-r wie im Englischen oder Italienischen **risâla** (Brief)
z	**zây** Ein stimmhaftes „s“ wie in „**S**onne“. Es hat keine Ähnlichkeit mit dem deutschen „z“, von dem man sich (wie international üblich) nur das Zeichen leiht. **zahra** (Blume)
s	**sîn** Im Gegensatz zum stimmhaften „z“ ein scharfes „s“, das nur mit Zunge, Zähnen und Luftausstoß (ohne Stimme!) gesprochen wird, wie im Wort „Ta**ss**e“: **salâm** (Gruß)
sh	**shîn** stimmloses „sch“ wie in „**Sch**uh“ **shukran!** (danke!)

Die vier folgenden Laute sind so genannte velarisierte Laute, d. h. beim Aussprechen wird die Zunge in der Form eines „S“ geschwungen, so dass der Zungenansatz nach oben und der Zungenrücken nach unten geführt wird. Diese Laute färben alle nachfolgenden Selbstlaute dunkler: aus „a“ wird z. B. fast ein „o“. Wer einmal den Bogen raus hat, kann bald alle davon. Hier ist genaues Zuhören wichtig!

s	**sâd**
	sabâh (Morgen)
d	**dâd**
	ein velarisiertes „d“, etwa wie im bayrischen „**d**oo“ für „dort“
	daif (Gast)
t	**tâ’**
	velarisiertes „t“ wie etwa in „**T**orf“
	tâlib (Student)
z	**zâ’**
	velarisiertes „th“
	zarf (Umschlag)

Auch der folgende Laut hat es in sich: Stellen Sie sich vor, Sie sitzen auf Klo und versuchen mit aller Kraft ... Was Sie dabei von sich geben, ist das *ain. Da viele Ausländer diesen Laut nicht aussprechen können, haben sich die Araber daran gewöhnt, dass sie an seiner Stelle das leichtere Hamza hören.

*	***ain**
	ein stimmhafter Kehllaut, der durch starkes Zusammenpressen des Kehlkopfes erzeugt wird
	***â’ila** (Familie), **sâ*a** (Uhr, Uhrzeit)

Kauderwelsch-AusspracheTrainer

Falls Sie sich die wichtigsten arabischen Sätze, die in diesem Buch vorkommen, einmal von einem Araber gesprochen anhören möchten, steht Ihnen inunseren Internetshop ***www.reise-know-how.de*** *ein* ***AusspracheTrainer*** *zu diesem Buch als* ***MP3-Download*** *zur Verfügung. Sie bekommen ihn auch auf* ***Audio-CD*** *über Ihre Buchhandlung. Alle Sätze, die Sie auf dem* ***AusspracheTrainer*** *hören können, sind in diesem Buch mit einem 👂 gekennzeichnet.*

gh	**ghain** ein Reibelaut aus dem Zäpfchen, dem tiefen deutschen „r“ wie in „G**r**und“ ähnlich **ghâliy** (teuer)
f	**fâ’** „f“ wie in „**F**uß“ **funduq** (Hotel)
k	**kâf** „k“ wie in „**K**amm“ **kaifa** (wie)
q	**qâf** Wieder ein „Zäpfchenlaut“: Wenn versucht wird, das deutsche „k“ immer weiter hinten am Gaumen zu sprechen, muss irgendwann das Zäpfchen gehoben werden. Dies ist das qâf. Ein nachfolgender Selbstlaut wird dabei dunkel gefärbt. **qalam** (Stift)
l	**lâm** „l“ wie in „**L**ampe“ **laṯîf** (nett)
m	**mîm** „m“ wie in „**M**aus“ **muslim** (Moslem)
n	**nûn** „n“ wie in „**N**ase“ **nuqûd** (Geld)
h	**hâ’** „h“ wie in „**H**aus“ **hâthâ** (dieser)

w	**wâw** Kein deutsches „w", sondern ein englisches, wie in „**w**ater" oder „**W**ow!". Wenn man genau hinhört, hört man es auch im Ausruf „Aua!" (= auwa). **waṯan** (Heimat, Nation)
y	**yâ'** wie das deutsche „j" in „**j**a" **yamîn** (rechts)

Selbstlaute (Vokale)

Im Hocharabischen gibt es nur drei Selbstlaute: a, i, und u. Ein e oder o kommt im Hocharabischen überhaupt nicht vor. Darüber hinaus gibt es nur noch die Doppellaute ai und au. Wie im Deutschen gibt es lange und kurze Selbstlaute, die jedoch bedeutungsunterscheidend sind: Wenn die Länge der Vokale nicht beachtet wird, wird man falsch verstanden. So heißt das Wort barîd „Post", das Wort bârid aber „kalt". In der Umschrift steht über lang auszusprechenden Selbstlauten das französische Dehnungszeichen ^.

Betonung

Im klassischen Arabisch soll es früher überhaupt keine Betonung gegeben haben, und tatsächlich wird Dichtung heute noch in einer einzigen Tonlage vorgetragen, und allein die Länge der Selbstlaute gibt den Rhythmus an. Die meisten Araber betonen in normaler

Rede aber immer die lange Silbe eines Wortes, also in der Regel die, in der ein langer Selbstlaut (â, î, û) oder ein Doppellaut (au, ai) vorkommt. Im Wort hammâm (Bad) z. B. ist die zweite Silbe betont. Hat ein Wort zwei lange Silben, wie saiyâra, wird die letztere von beiden betont: sai**yâ**ra (Auto).

Die arabische Schrift

Auch wenn die arabische Schrift nach Würmern oder Schlangen aussieht, setzt sie sich aus Buchstaben zusammen, die jeweils bestimmte Laute bezeichnen. Und obwohl das lateinische und arabische Alphabet so unterschiedlich aussehen, haben sie einen gemeinsamen Ursprung, und zwar im phönizischen Alphabet, das im heutigen Libanon im 12. Jhd. v. Chr. entwickelt wurde.

Der wichtigste Unterschied zum lateinischen Alphabet ist, dass in der arabischen Schrift (wie in allen Alphabeten für semitische Sprachen) eigentlich nur Mitlaute (d. h. Konsonanten, also z. B. b, d, f) geschrieben werden. Das wäre so, als würde bei uns das Wort „Fenster" nur durch die Konsonantenfolge fnstr wiedergegeben werden. Dies könnte dann aber auch als „finster" oder „fonstir" gelesen werden. Auch Groß- und Kleinschreibung kennt das Arabische nicht.

Genau genommen muss jedes Wort, welches gelesen werden soll, eigentlich schon bekannt sein. Niemand könnte eine fremde Sprache in einer arabischen Schrift lesen, wie z. B. ein Deutscher Italienisch lesen kann, auch wenn er es nicht versteht.

Allerdings gibt es auch für die arabische Schrift Zeichen („Vokalzeichen“), die den nachfolgenden Selbstlaut (Vokal) angeben. Sie werden über oder unter den Mitlaut geschrieben, hinter dem der Selbstlaut folgen soll. Leider werden diese Vokalzeichen nur selten benutzt, meistens nur im Unterricht, oder wenn es darum geht, etwas zweifelsfrei auszudrücken, z. B. im Koran.

Arabisch wird von rechts nach links geschrieben und gelesen. Die Buchstaben werden miteinander verbunden, so wie in jeder Handschrift. Das Wort kutub heißt „Bücher“ und schreibt sich im Arabischen (vorerst ohne Vokalzeichen) so: كـتـب

Es ist nicht schwer, die drei Mitlaute, mit denen es geschrieben ist, zu trennen:

ﻛ (k)   ﺗ (t)   ـب (b)

Diese Buchstaben verändern ihr Gesicht, wenn sie an anderer Stelle im Wort stehen. Das b z. B. steht im obigen Beispiel am Wortende. Am Anfang würde es folgendermaßen aussehen: ﺑ und in der Mitte so: ـبـ

Viele Buchstaben können darüber hinaus nicht mit dem nachfolgenden Buchstaben

Insgesamt gibt es drei Möglichkeiten, an welcher Stelle ein Buchstabe im Wort stehen kann: am Wortanfang, in der Wortmitte und am Wortende. Eine vierte Form erhält das Zeichen, wenn es isoliert steht. In dieser Form steht das Zeichen in der Aussprachetabelle.

verbunden werden. Das th z. B. steht in der Wortmitte mit dem nächsten Buchstaben immer unverbunden. Das heißt, dass es auch in der Wortmitte in derselben Form steht, wie es am Wortende stehen würde. Der folgende Buchstabe steht dann in seiner Anfangs- oder Einzelform, selbst wenn seine Position in der Wortmitte oder am Wortende ist!

kithb كذب
(Lüge)

thahab ذهب
(Gold)

Mit ein wenig Übung können eigentlich schon alle Wörter gelesen werden. Versuchen Sie doch einmal, Ihren Namen in arabischen Buchstaben zu schreiben.

In der arabischen Schrift werden der äußerst wichtige Unterschied zwischen langen und kurzen Selbstlauten geschrieben, indem die die Mitlaute ى (y) und و (w) sowie ا (Alîf) „zweckentfremdet" werden. Ein y zwischen zwei Mitlauten bedeutet, dass an dieser Stelle ein langes î gelesen werden kann. Nicht unbedingt aber, denn auch die Doppellaute ai und au werden mit y oder w geschrieben. Also kann dieses y auch ai bedeuten. Entsprechend kann w für den Mitlaut w oder für die Selbstlaute û bzw. au stehen.

Das Alîf ist entweder ein langes â, oder es trägt den Stimmabsatz hamza'. Steht das Hamza unter dem Alîf, so wird nach dem Stimmabsatz immer i gelesen, z. B. إبل ibl (eigentl. 'ibl = Kamele).

Ein doppelter Mitlaut, wie z. B. das th im Wort kaththâb (Lügner), wird durch das Verdoppelungszeichen ّ über dem Buchstaben angezeigt: كذّاب

Bedenken Sie, dass in den Wörtern, die Sie lesen wollen, „Ligaturen", also Verbindungen, vorkommen können. Das heißt, wenn zwei bestimmte Buchstaben aufeinander treffen, werden sie anders geschrieben, als es in der Liste steht. Steht nach dem l ein Alîf, dann sieht das so aus: لا

Die Vokalzeichen

Wenn Sie mit Ladenschildern oder Straßennamen zu üben beginnen, werden Ihnen die Schwierigkeiten oft durch Vokalzeichen erleichtert. Ein waagerechter Strich über einem Mitlaut bedeutet, dass ein kurzes a folgt, z. B. بَ („ba"), steht der Strich darunter, wird ein i gelesen: بِ („bi"). Ein kleines waw ُ über dem Buchstaben heißt, dass dem Mitlaut ein kurzes u folgt: بُ („bu"). Folgt überhaupt kein Selbstlaut, so steht ein kleiner Kreis über dem Mitlaut: بْ („b").

So schreiben sich die oben ohne Vokalzeichen geschriebenen Wörter mit den Vokalzeichen.

كتب	كذب	كذاب
kutub	**kithb**	**kaththâb**

Mit den Vokalzeichen hat man dann auch keine Probleme mehr mit den Buchstaben y und w. Denn ob diese nun als Mitlaut, Selbstlaut oder als Doppellaut gelesen werden, kann man an den Vokalzeichen ablesen:

ولد	طول	يوم
walad (Junge)	**ṯûl** (Länge)	**yaum** (Tag)

Viel Übung bekommen Sie, wenn Sie die im Konversationsteil jeweils in arabischer Schrift geschriebene Zeilen mit der Lautschrift vergleichen. Wenn in der Liste kein Zeichen angegeben wird, bedeutet dies, dass es keines gibt.

vollständige Liste arabischer Zeichen

Lautschrift	einzelnes Zeichen	Wortanfang	Wortmitte	Wortende
Alîf	ا			ـا
b	ب	بـ	ـبـ	ـب
t	ت	تـ	ـتـ	ـت
th	ث	ثـ	ـثـ	ـث
dj	ج	جـ	ـجـ	ـج
h	ح	حـ	ـحـ	ـح
ch	خ	خـ	ـخـ	ـخ
d	د			ـد
th	ذ			ـذ
r	ر			ـر
z	ز			ـز
s	س	سـ	ـسـ	ـس
sh	ش	شـ	ـشـ	ـش
s	ص	صـ	ـصـ	ـص
d	ض	ضـ	ـضـ	ـض
t	ط	طـ	ـطـ	ـط
z	ظ	ظـ	ـظـ	ـظ
*	ع	عـ	ـعـ	ـع
gh	غ	غـ	ـغـ	ـغ
f	ف	فـ	ـفـ	ـف
k	ق	قـ	ـقـ	ـق
q	ك	كـ	ـكـ	ـك
l	ل	لـ	ـلـ	ـل
m	م	مـ	ـمـ	ـم
n	ن	نـ	ـنـ	ـن
h	ه	هـ	ـهـ	ـه
w	و			ـو
y	ي	يـ	ـيـ	ـي

Wörter, die weiterhelfen

Folgende Phrasen sind einfach zu benutzen und vielseitig anzuwenden. Wonach man fragen will, kann man sich aus den Wörterlisten am Ende des Buches heraussuchen.

yûdj̲ad ...? Gibt es ...? يوجد...؟

يـوجـد بـــاص ؟
yûdj̲ad bâs̲?
Gibt es einen Bus?

يوجد أكل ؟
yûdj̲ad akl?
Gibt es Essen?

نعم, يوجد!
na*am, yûdj̲ad!
ja, es-gibt
Ja, es gibt!

لا, لا يوجد!
lâ, lâ yûdj̲ad!
nein, nicht es-gibt
Nein, gibt es nicht!

aina ...? Wo ist ..? اين...؟

اين الفندق؟
aina al-funduq?
wo das-Hotel
Wo ist das Hotel?

طبيب	**t̲abîb**	Arzt
محطة	**mah̲at̲t̲a**	Bahnhof
سفارة	**sifâra**	Botschaft
مطار	**mat̲âr**	Flughafen
مستشفى	**mustashfâ**	Hospital
شرطة	**shurt̲a**	Polizei
بريد	**barîd**	Postamt
هاتف	**hâtif**	Telefon

ما...؟ **mâ ...?** Was ...?

ما هذا؟ **mâ hâthâ?** Was ist das?
was dieses

أريد... **urîdu ...** Ich möchte/will ...

أريد شاى
urîdu shâi.
ich-will Tee
Ich möchte Tee.

أريد غرفة
urîdu ghurfa.
ich-will Zimmer
Ich möchte ein Zimmer.

Hauptwörter & Eigenschaftswörter

Einen unbestimmten Artikel (ein, eine) wie im Deutschen gibt es in der arabischen Sprache nicht.

Steht ein Wort allein, so ist es immer unbestimmt.

Artikel

bait	ein Haus	**radjul**	ein Mann
madîna	eine Stadt	**sana**	ein Jahr
funduq	ein Hotel	**tarîq**	ein Weg

Der bestimmte Artikel (der, die) lautet im Arabischen für männliche und weibliche Hauptwörter al. Er verschmilzt mit dem Wort und wird nicht als eigenständiges Wort gesprochen.

al-bait	das Haus	**al-madîna**	die Stadt
al-funduq	das Hotel	**al-walad**	der Junge
al-lugha	die Sprache	**al-mâ'**	das Wasser

Der Artikel al- verändert sich vor einigen Buchstaben, die Sonnenbuchstaben genannt werden. Das -l des Artikels wird dann durch den Laut des nachfolgenden Buchstabens, also des ersten Buchstaben des folgenden Wortes, ersetzt. Sonnenbuchstaben sind alle Buchstaben, die mit den Zähnen oder am Zahnansatz gesprochen werden, darüber hinaus das n. Die Sonnenbuchstaben sind: d, d̲, n, r, s, s̲, sh, t, t̲, th, t̲h̲, z, z̲.

ar-radj̲ul	der Mann	**as-saiyida**	die Frau
at̲-t̲arîq	der Weg	**ash-shurt̲a**	die Polizei

Geschlecht

Im Arabischen gibt es nur ein männliches und ein weibliches grammatisches Geschlecht (im folgenden abgekürzt: m, w). Die weiblichen Haupt- und Eigenschaftswörter sind von den männlichen ganz einfach zu unterscheiden, da sie ein -a am Wortende haben:

madîna	Stadt	**shurt̲a**	Polizei

Die ursprüngliche Endung weiblicher Hauptwörter ist jedoch „-at“. An einigen Stellen taucht diese Endung wieder auf, und zwar immer dann, wenn etwas an das Wort angehängt wird. An entsprechender Stelle wird darauf hingewiesen.

Weiterhin sind alle Wörter, die Frauen bezeichnen, weiblich, ganz gleich, ob ein -a am Wortende steht oder nicht:

umm	Mutter	**bint**	Tochter, Mädchen
ucht	Schwester	**dj̲adda**	Großmutter

Jedes männliche Wort kann durch Anfügen von -a zu einem weiblichen gemacht werden, wenn dies einen Sinn ergibt.

Weiterhin sind alle Städte- oder Ländernamen und alle Wörter, die in irgendeiner Weise einen Ort bezeichnen, weiblich; selbst das Wort für „Boden“ (ar<u>d</u>) ist weiblich. Zu guter Letzt muss man sich merken, dass alle Wörter, die Dinge (also keine Menschen/Tiere) bezeichnen, in der Mehrzahl weiblich sind, auch wenn sie in der Einzahl männlich sind.

kalb	Hund	**<u>t</u>âlib**	Student
kalba	Hündin	**<u>t</u>âliba**	Studentin

Wird ein Eigenschaftswort an ein Hauptwort gehängt, so müssen beide im grammatischen Geschlecht übereinstimmen. Das Eigenschaftswortes erhält also auch die weibliche Endung -a, wenn es sich auf ein weibliches Hauptwort bezieht.

kabîr	groß (m)	**<u>s</u>aghîr**	klein (m)
kabîra	groß (w)	**<u>s</u>aghîra**	klein (w)

wichtige Eigenschaftswörter

djaiyid	gut	**saiyi'**	schlecht
kabîr	groß/alt	**saghîr**	klein/jung
djadîd	neu	**qadîm**	alt
suchn	warm	**bârid**	kalt
qarîb	nahe	**ba*îd**	fern
djamîl	schön	**bashi***	hässlich
haluw	süß	**hâmid**	sauer
marîd	krank	**sahîh**	gesund
za*lân	verärgert	**mabsût**	zufrieden
ghâliy	teuer	**rachîs**	billig
ghaniy	reich	**faqîr**	arm
qâwiy	stark	**da*îf**	schwach
sahl	einfach	**sa*ab**	kompliziert
thaqîl	schwer	**chafîf**	leicht
mal'ân	voll	**fâdiy**	leer
nadîf	sauber	**wasich**	dreckig

abyad (m)	**baidâ'** (w)	weiß
aswad (m)	**saudâ'** (w)	schwarz
ahmar (m)	**hamrâ'** (w)	rot
azraq (m)	**zarqâ'** (w)	blau
achdar (m)	**chardâ'** (w)	grün
asfar (m)	**safrâ'** (w)	gelb
bunnî (m)	**bunnîya** (w)	braun

Die Farbwörter haben unregelmäßige weibliche Formen.

Viele Eigenschaftswörter enden auf -î. Diese sind von einem Hauptwort abgeleitet: **Almâniyâ** (Deutschland), **almânî** (deutsch; Deutscher), **almânîya** (Deutsche). So können auch Eigenschaftswörter gebildet werden. Ein Damaszener ist z. B. ein **dimashqî.**

Sätze ohne Verben (Nominalsätze)

Mit diesen Wörtern können schon die ersten Sätze gebildet werden. Das deutsche Hilfswort „sein“ gibt es im Arabischen nicht. Stattdessen wird „sein“ umschrieben, indem ein Haupt- und Eigenschaftswort zusammengefügt werden. Dabei muss nur beachtet werden, dass die grammatischen Geschlechter übereinstimmen (s. Kapitel „Geschlecht“):

ar-radjul kabîr.
der-Mann groß
Der Mann ist groß.

aṯ-ṯarîq ṯawîl.
der-Weg lang
Der Weg ist lang.

al-bint ghaniya.
das-Mädchen reich
Das Mädchen ist reich.

Setzt man vor das Eigenschaftswort den bestimmten Artikel al, so bildet man keinen Satz, sondern bestimmt das Hauptwort näher:

ar-radjul al-kabîr
der-Mann der-groß
der große Mann

aṯ-ṯarîq aṯ-ṯawîl
der-Weg der-lang
der lange Weg

al-bint al-ghaniya
das-Mädchen das-reich
das reiche Mädchen

Mit diesen beiden Möglichkeiten können schon kompliziertere Sätze gebildet werden:

at-tarîq at-tawîl djaiyid.
der-Weg der-lang gut
Der lange Weg ist gut.

ar-radjul al-marîd kabîr.
der Mann der-krank alt
Der kranke Mann ist alt.

at-taqs djaiyid al-yaum.
das-Wetter gut der-Tag
Das ist Wetter ist gut heute.

al-bint za*lâna.
das-Mädchen verärgert
Das Mädchen ist verärgert.

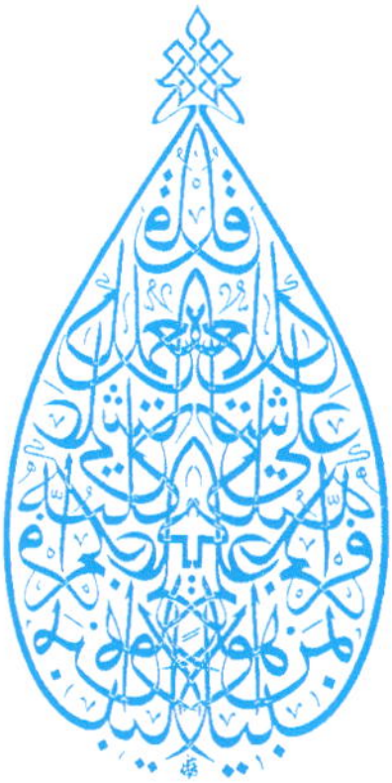

Mehrzahl

Weibliche und männliche Eigenschaftwörter haben jeweils regelmäßige Mehrzahlformen:

Mz männlich: -ûn am Wortende
Mz weiblich: -ât am Wortende anstatt -â

Leider haben aber die meisten Hauptwörter eine unregelmäßige Mehrzahl (abgekürzt: Mz), die mit dem Wort gleich mitgelernt werden sollte, z. B. madîna (Stadt), mudun (Städte). Sicher werden Sie verstanden werden, wenn Sie stattdessen die Mehrzahl regelmäßige bilden und einfach madînât sagen. Eigenschaftswörter hingegen haben nur selten unregelmäßige Mehrzahlformen, hier können stets die regelmäßigen benutzt werden.

Die unregelmäßige Mehrzahlform von radjul *(Männer) heißt* ridjâl; *doch auch mit* radjulûn *werden Sie lächelnd verstanden werden.*

Regelmäßige Mehrzahlformen haben z. B. ...
- männliche Hauptwörter (vor allem Berufsbezeichnungen):

mu*allim	Lehrer	**mu*allimûn**	Lehrer (Mz)
fallah	Bauer	**fallahûn**	Bauern
muwazzaf	Angestellter	**muwazzafûn**	Angestellte

- männliche Eigenschaftswörter:

djamîl	schön	**djamîlûn**	schöne (Mz)
djadîd	neu	**djadîdûn**	neue (Mz)

- weibliche Hauptwörter:

saiyâra	Auto	**saiyarât**	Autos
sâha	Platz	**sâhât**	Plätze

- Alle durch Anhängen von -a entstandenen Wörter, damit auch alle weiblichen Eigenschaftswörter:

tâliba	Studentin	**tâlibât**	Studentinnen
fallaha	Bäuerin	**fallahât**	Bäuerinnen
marîda	krank (w)	**marîdât**	kranke (w, Mz)

- Fast alle Lehnwörter aus europäischen Sprachen erhalten ein -ât als Mehrzahlendung:

bantalûn	Hose	**bantalûnât**	Hosen
bâs	Bus	**bâsât**	Busse

Das Eigenschaftswort muss auch in der grammatischen Zahl mit dem Hauptwort übereinstimmen. Ist das Hauptwort eine Mehrzahlform, steht auch das Eigenschaftswort in der Mehrzahl.

Der bestimmte Artikel al- *(der, die) bleibt auch in der Mehrzahl* al- *(die)!*

ar-radjul djaiyid. *der-Mann gut* Der Mann ist gut.	**ar-ridjâl djaiyidûn.** *die-Männer gute(Mz)* Die Männer sind gut.
al-bint djamîla. *das-Mädchen schön(w)* Das Mädchen ist schön.	**al-banât djamîlât.** *die-Mädchen schöne(w,Mz)* Die Mädchen sind schön.

Eine Ausnahme bilden die Mehrzahlformen von Wörtern, die Dinge (also keine Menschen oder Tiere) bezeichnen: Sie werden genauso wie weibliche Einzahlformen behandelt und erhalten deshalb ein -a am Wortende.

al-madîna kabîra. *die-Stadt groß(w)* Die Stadt ist groß.	**al-mudun kabîra.** *die-Städte groß(w,Mz)* Die Städte sind groß.

Zweizahl (Dual)

Die arabische Sprache hat eine spezielle Form für „zwei ...“ beibehalten, die viele Sprachen einmal hatten, aber verloren haben (übrigens auch das Deutsche). Sie wird durch Anhängen von -ân an die Einzahl gebildet.

radjul	ein Mann	**bint**	ein Mädchen
radjulân	2 Männer	**bintân**	2 Mädchen
ridjâl	Männer	**banât**	Mädchen (Mz)

Bei weiblichen Wörtern tritt nun die ursprüngliche weibliche Wortendung -at wieder auf. An die ursprüngliche Endung wird nun -ân angehängt:

sana	ein Jahr	**bîra**	ein Bier
sanatân	zwei Jahre	**bîratân**	zwei Biere
sanawât	Jahre	**bîrât**	Biere

Gattungsbezeichnungen (Kollektiva)

Im Arabischen ist das Wort, das die Gattung bezeichnet (im Folgenden mit „GATT" abgekürzt), das Ausgangswort für die jeweilige Wortfamilie.

Neben der Zweizahl gibt es auch Wörter im Arabischen, die alle Objekte einer Gattung oder eine unbestimmt große Menge davon bezeichnen. Wenn man im Deutschen sagt: „Der Fisch lebt im Wasser." meint man damit die Gattung Fische. Sagt man „ich mag Fisch essen", meint man damit auch die Gattung Fisch.

Die Gattungsbezeichnung „Fisch" heißt samak. Es bezeichnet „Fisch" an sich, als Gattung wie auch als nicht genau abgezählte Menge von Fisch. Ist von nur genau einem Fisch die Rede, wird ein -a an die Gattungsbezeichnung angehängt: samaka. Davon wird dann die regelmäßige Mehrzahlform gebildet, wenn es z. B. um eine abgezählte Menge von Fisch (z. B. 3/4/5 Fische) geht: samakât.

tuffâh (GATT)	Apfel/Äpfel
tuffâha (w)	ein Apfel
tuffâhât	mehrere (abgezählte) Äpfel

thubâb (GATT)	Fliege/Fliegen
thubâba (w)	eine Fliege
thubabât	mehrere (gezählte) Fliegen

zusammengesetzte Hauptwörter

markaz	Zentrum
+ madîna	+ Stadt
= markaz al-madîna	„Zentrum der Stadt“
	= Stadtzentrum

sûq	Markt
+ kutub (Mz)	+ Bücher
= sûq al-kutub	„Markt der Bücher“
	= Büchermarkt

Zusammengesetzte Hauptwörter, wie z. B. „Stadtzentrum“ oder „Büchermarkt“, werden im Arabischen grundsätzlich nach dem Schema „Zentrum der Stadt“ bzw. „Markt der Bücher“ gebildet. Der Artikel al- drückt dabei den deutschen Wesfall (Genitiv) „der/des“ aus.

Bei weiblichen Hauptwörtern taucht das unterdrückte -t wieder auf, -a wird zu -at:

ma<u>h</u>a<u>tt</u>a	Bahnhof
+ bâ<u>s</u>ât (Mz)	+ Busse
= ma<u>h</u>a<u>tt</u>at al-bâ<u>s</u>ât	„Bahnhof der Busse“
	= Busbahnhof

Zusammengesetzte Hauptwörter können nicht durch den bestimmten Artikel al- weiter bestimmt werden. markaz al-madîna heißt schon „das Zentrum der Stadt“. Man kann deshalb nicht noch einen Artikel (z. B. al-markaz …) hinzufügen.

Nach diesem Schema können auch Besitzverhältnisse ausgedrückt werden.

bait ar-radjul	das Haus des Mannes
Haus der-Mann	

Dieses & Jenes

Es gibt sechs verschiedene hinweisende Fürwörter (Demonstrativpronomen).

Achtung: Hauptwörter in der Mehrzahl, die Dinge bezeichnen, werden wie die weiblichen Hauptwörter in der Einzahl behandelt, also hâthihî *bzw.* tilka.

hâthâ	dieser, -s (alle männlichen Hauptwörter Ez)
hâthihî	diese (alle weiblichen Hauptwörter Ez; männl./weibl. Hauptwörter Mz, die Dinge bezeichnen)
hâ'ulâ'i	diese (Hauptwörter Mz, die Personen bezeichnen)
thâlika	jener, -s (alle männlichen Hauptwörter Ez)
tilka	jene (alle weiblichen Hauptwörter Ez; männl./weibl. Hauptwörter Mz, die Dinge bezeichnen)
ulâ'ika	jene (Hauptwörter Mz, die Personen bezeichnen)

Die hinweisenden Fürwörter stehen vor oder nach dem Hauptwort, das sie bestimmen. Wichtig ist, dass das Hauptwort stets mit dem Artikel al- steht:

hâthâ aṯ-ṯarîq ṯawîl. al-madîna hâthihî ba*îda.
dieser der-Weg lang die-Stadt diese fern(w)
Dieser Weg ist lang. Diese Stadt ist fern.

thâlika al-bait kabîr.
jenes das-Haus groß
Jenes Haus ist groß.

hâ'ulâ'i an-nâs laṯîfûn.
diese die-Menschen nett(m,Mz)
Diese Menschen sind nett.

hâthihî al-ashyâ' djamîla
diese die-Dinge(Mz) schön(w)
Diese Dinge sind schön.

... tilka as-sana
... jenes das-Jahr
... jenes Jahr

Steht das Hauptwort jedoch ohne den Artikel al-, so wird das hinweisende Fürwort selbständig, und ein einfacher Satz wird gebildet:

hâthâ bait.
dieses Haus
Das ist ein Haus.

hâthâ bait kabîr.
dieses Haus groß
Das ist ein großes Haus.

Hier & Dort / Es gibt

Hunâ (hier) und hunâka (dort) ersetzen auch den unpersönlichen deutschen Ausdruck „es gibt".

hunâ (hier) **hunâka, hunâlika** (dort)

hunâka funduq.
dort Hotel
Es gibt dort ein Hotel.

hunâ hâthâ al-kitâb.
hier dieses das-Buch
Hier gibt es dieses Buch.

yûdjad funduq hunâ?
gibt-es Hotel hier
Gibt es hier ein Hotel?

Geläufiger für „es gibt" ist allerdings das Wort yûdjad.

yûdjad wird zu tûdjad, wenn das, wonach gefragt wird, ein weibliches Wort oder ein Hauptwort in der Mz, das Dinge bezeichnet, ist.

tûdjad kutub hunâ? **tûdjad ghurfa fâdiya?**
gibt-es(w) Bücher hier gibt-es(w) Zimmer frei
Gibt es hier Bücher? Gibt es ein freies Zimmer?

(aber:) **hunâka yûdjad nâs kathirûn.**
dort gibt-es(m) Menschen viele
Dort gibt es viele Leute.

Persönliche Fürwörter

Im Arabischen unterscheidet man genauer als im Deutschen, ob man z. B. einen Mann oder eine Frau anspricht: Mit anta (du) werden nur Männer und Jungen angeredet, mit anti (du) nur Frauen und Mädchen, das Gleiche gilt für die Mehrzahl („ihr"). Wenn man von einer Gruppe, die aus Männern und Frauen besteht, spricht, verwendet man die Form für eine Gruppe von Männern: hum.

anâ	ich	**nahnu**	wir
anta	du (m)	**antum**	ihr (m)
anti	du (w)	**antunna**	ihr (w)
huwa	er	**hum**	sie (m)
hiya	sie	**hunna**	sie (w)

Darüber hinaus gibt es noch zwei Sonderformen, wenn man genau zwei Personen anspricht oder von genau zwei Personen spricht:

antumâ	ihr beiden	**humâ**	sie beide

Eine Höflichkeitsanrede wie „Sie“ wird im arabischen Alltagsleben nicht gebraucht. Bei offiziellen Anlässen werden Personen, denen man große Hochachtung entgegenbringt, mit hadiratukum (für Männer) oder hadiratukunna (für Frauen) angeredet. Man verwendet auch dann diese Mehrzahlform, wenn man nur eine einzelne Person anredet (vgl. das Kapitel „Anrede“).

anta fallah.
du(m) Bauer
Du bist Bauer.

anti tâliba.
du(w) Studentin
Du bist Studentin.

anâ almânî / almânîya.
ich Deutscher / Deutsche
Ich bin Deutsche/r.

nahnu adjânib.
wir Fremde(Mz)
Wir sind Fremde.

Achtung: Im Beispiel „Ich bin Deutscher / Deutsche“, verwendet ein Mann die männliche Form (almânî), eine Frau jedoch die weibliche (almânîya). Bei dieser Art von Sätzen muss also darauf geachtet werden, ob von einer Frau oder einem Mann die Rede ist (vgl. Kapitel „Sätze ohne Verben“).

Besitzanzeige

Besitzverhältnisse werden im Arabischen durch Endungen, die an das Hauptwort angehängt werden, ausgedrückt. Die folgende Tabelle zeigt also keine selbständigen besitzanzeigenden Fürwörter, sondern besitzanzeigende „Fürwort-Endungen".

Die besitzanzeigenden Endungen werden auch für das deutsche „dir, dich" und „ihm, ihn" verwendet und sollten gut gelernt werden (vgl. Kapitel „Wem? oder Wen?").

-î	mein
-ka	dein, dir, dich (m)
-ki	dein, dir, dich (w)
-hu	sein, ihm, ihn
-hâ	ihr, ihr, sie
-nâ	unser, uns, uns
-kum	euer, euch, euch (m)
-kunna	euer, euch, euch (w)
-hum	ihr, ihnen, sie (m)
-hunna	ihr, ihnen, sie (w)

Wenn genau zwei Personen gemeint sind, verwendet man auch (jedoch selten) -kumâ (euer beider) und -humâ (ihrer beider).

Zwischen Endung und Hauptwort wird ein zusätzliches -u- geschoben, um die Aussprache zu erleichtern. Nur -î („mein") kann unmittelbar angehängt werden.

funduqî	*Hotel-mein*	mein Hotel
ismuka	*Name-dein(m)*	dein Name
ismuki	*Name-dein(w)*	dein Name
kitâbuhu	*Buch-sein(m)*	sein Name
kitâbukunna	*Buch-euer(w)*	euer Buch

Bei weiblichen Hauptwörtern kehrt die unterdrückte Endung -at statt -a wieder auf, wenn die besitzanzeigenden Endungen angehängt werden. Auch hier erleichtert ein zwischengeschobenes -u- die Aussprache:

saiyâra		Auto
saiyâratunâ	*Auto-unser*	unser Auto
shanta		Tasche
shantatuhâ	*Tasche-ihre*	ihre Tasche

hâthâ baitukum.
dieses Haus-euer(m)
Das ist euer Haus.

hâthihî madinatunâ.
diese Stadt-unser
Dieses ist unsere Stadt.

haben, besitzen

Genausowenig wie es das Verb „sein" im Arabischen gibt, gibt es ein Verb für „haben". Man hilft sich mit dem Verhältniswort *inda (bei) oder la (für), an die jeweils die besitzanzeigenden Endungen angehängt werden. Wörtlich sagt der Araber „bei-mir" od. „für-mich" und meint damit „ich habe". Eine andere Möglichkeit, „haben" zu umschreiben, gibt es nicht.

***indî**	ich habe
***indaka**	du (m) hast
***indaki**	du (w) hast
***indahu**	er hat
***indahâ**	sie hat
***indanâ**	wir haben
***indakum**	ihr (m) habt
***indakunna**	ihr (w) habt
***indahum**	sie (m) haben
***indahunna**	sie (w) haben

*Zu den Verhältniswörtern *inda und la vgl. auch das Kapitel „Verhältniswörter".*

Die Konstruktion mit *inda (bei) ist zwar häufiger, man hört jedoch auch die Version mit dem Verhältniswort la (für):

lî	ich habe
laka	du (m) hast
laki	du (w) hast
lahu	er hat
lahâ	sie hat
lanâ	wir haben
lakum	ihr (m) habt
lakunna	ihr (w) habt
lahum	sie (m) haben
lahunna	sie (w) haben

Steigern & Vergleichen

Das Steigern von Eigenschaftswörtern funktioniert im Arabischen völlig anders als im Deutschen.

Komparativ

Um ein Eigenschaftswort zu steigern (z. B. „groß – größer"), werden die im Eigenschaftswort vorkommenden Konsonanten (Mitlaute) der Reihe nach in ein bestimmtes Schema eingesetzt:

a – K1 – K2 – **a** – K3
a = der Buchstabe **a**
K1, K2, K3 = 1., 2., 3. Konsonant

Das Schema wird folgendermaßen angewendet: Das gesteigerte Eigenschaftswort beginnt mit einem a, es folgen der 1. und der 2. Konsonant des Eigenschaftswortes, es folgt ein zweites a und schließlich der 3. Konsonant des Eigenschaftswortes.

Es gibt eine Möglichkeit, dieses komplizierte Schema mit Hilfe des Wortes akthar (mehr) zu umgehen. Sagen Sie statt archas (billiger) einfach akthar rachîs (mehr billig), so werden Sie auch verstanden, selbst, wenn es nicht ganz korrekt ist.

Beispiel: rachîs *(billig) besteht aus der Konsonantenfolge* r-ch-s. *Nach dem Schema ergibt das „a-r-ch-a-s“:* archas *(billiger).*

kabîr	groß	**akbar**	größer
djadîd	neu	**adjdad**	neuer
qadîm	alt	**aqdam**	älter
faqîr	arm	**afqar**	ärmer

Superlativ

Für die 2. Steigerungsstufe stellt man das Hauptwort hinter das gesteigerte Eigenschaftswort:

aqdam bait
älter Haus
das älteste Haus

akbar radjul
größer Mann
der größte Mann

Will man einfach „der/die/das älteste“ sagen, stellt man shai' (Ding, Sache) hinter das gesteigerte Eigenschaftswort:

aqdam shai'	**akbar shai'**
älter Sache	*größer Sache*
das älteste	das größte

vergleichen

Für den Vergleich braucht man das Wort min *(als).*

al-bait akbar min as-saiyâra.
das-Haus größer als das-Auto
Das Haus ist größer als das Auto.

Tätigkeitswörter

Wenn man sagt, Arabisch sei eine schwierige Sprache, dann wohl hauptsächlich deswegen, weil die Beugung der Tätigkeitswörter (Verben) wegen der vielen Ausnahmen viele Klippen in sich birgt. Ich stelle hier allerdings nur die wichtigsten dieser vielen Ausnahmen vor, damit auch dieses Kapitel überschaubar bleibt.

Vergangenheit

Zunächst einmal stellt sich die Frage, warum dieses Kapitel gerade mit der Vergangenheit beginnt. Nun, weil die Araber als Grundform eines Verbs die Vergangenheit ansehen. So wie man im Deutschen erklärt, das Verb heißt

„schreiben“, sagen die Araber, das Verb heißt „er schrieb„. Als Grundform nimmt man im Arabischen nämlich immer die gebeugte Form des Verbs, und zwar immer in der 3. Person Einzahl männlich, also „er“, und das dann in der Vergangenheit. In dieser Form stehen alle Verben im Wörterverzeichnis.

Dass man im Arabischen die Grundform des Verbs mit „er“ in der Vergangenheit angibt, hat auch seinen Grund. Sie endet in der Regel mit einem -a. Die Verben werden gebeugt, indem dieses -a durch die verschiedenen Beugungsendungen für „ich, du ...“ usw. ersetzt wird. Die persönlichen Fürwörter müssen deshalb auch nicht zusätzlich zum gebeugten Verb wiederholt werden. Oft stehen sie jedoch, wenn die betreffende Person hervorgehoben werden soll, z. B. im Satz: „Ich schreibe, aber du nicht!“

Die Grundform Vergangenheit entspricht im Deutschen gleich zwei Zeiten, und zwar der vollendeten Gegenwart (Perfekt): „ich habe geschrieben“ und der einfachen Vergangenheit (Imperfekt): „ich schrieb“.

Das Beugungsmuster arabischer Verben in der Vergangenheit sieht folgendermaßen aus:

Einzahl (Ez)		**Mehrzahl (Mz)**	
ich	**-tu**	wir	**-nâ**
du (m)	**-ta**	ihr (m)	**-tum**
du (w)	**-ti**	ihr (w)	**-tunna**
er	**-a**	sie (m)	**-û**
sie	**-at**	sie (w)	**-na**

Das Beugungsmuster am Beispiel kataba *(schreiben) angewandt:*

kataba	schreiben
katabtu	ich schrieb
katabta	du (m) schriebst
katabti	du (w) schriebst
kataba	er schrieb
katabat	sie schrieb
katabnâ	wir schrieben
katabtum	ihr (m) schriebt
katabtunna	ihr (w) schriebt
katabû	sie (m) schrieben
katabna	sie (w) schrieben

Ausnahmen

Wie immer gibt es leider auch Ausnahmen von der Regel, nach denen sich die Grundform bei der Beugung verändert. Dies trifft für die folgenden vier Arten von Verben zu. Vorab jedoch noch ein kleiner Trost: Bei der 3. Person Einzahl männlich und weiblich (er, sie) sowie der 3. Person Mehrzahl männlich (sie) verändert sich die Grundform nie!

Bei Verben, die in der Grundform Vergangenheit einen doppelten Mitlaut vor der Endung -a *haben, wird der vorangehende Selbstlaut verschoben, und zwar zwischen die beiden Mitlaute.*

ahabba [> ahbab-]	lieben, mögen
ahbabtu	ich liebte
ahbabta	du (m) liebtest
ahbabti	du (w) liebtest
ahabba	er liebte
ahabbat	sie liebte
ahbabnâ	wir liebten
ahbabtum	ihr (m) liebtet
ahbabtunna	ihr (w) liebtet
ahabbû	sie (m) liebten
ahbabna	sie (w) liebten

Bei Verben mit langem -â- in der Mitte entfällt das -â- und ein kurzes -u- (oder -i-) tritt an seine Stelle.

qâla [> qul-]	sagen
qultu	ich sagte
qulta	du (m) sagtest
qulti	du (w) sagtest
qâla	er sagte
qâlat	sie sagte
qulnâ	wir sagten
qultum	ihr (m) sagtet
qultunna	ihr (w) sagtet
qâlû	sie (m) sagten
qulna	sie (w) sagten

Bei Verben mit einem langem -â am Wortende wird das -â zu -ai. Ausnahme: In der Form für „sie (m/Mz)“ wird -â + -û zu -au.

ra'â [> ra'ai-]	sehen
ra'aitu	ich sah
ra'aita	du (m) sahst
ra'aiti	du (w) sahst
ra'â	er sah
ra'at	sie sah
ra'ainâ	wir sahen
ra'aitum	ihr (m) sahet
ra'aitunna	ihr (w) sahet
ra'au	sie (m) sahen
ra'aina	sie (w) sahen

Endet ein Verb auf -iya, wird diese Endung zu -î; die Endung -û für „sie (m/Mz)" bleibt allerdings erhalten.

baqiya [> baqî-]	bleiben
baqîtu	ich blieb
baqîta	du (m) bliebst
baqîti	du (w) bliebst
baqiya	er blieb
baqiyat	sie blieb
baqînâ	wir blieben
baqîtum	ihr (m) bliebt
baqîtunna	ihr (w) bliebt
baqû	sie (m) blieben
baqîna	sie (w) blieben

„sein" in der Vergangenheit

In der Gegenwart gibt es kein eigenständiges Verb für „sein". In der Vergangenheit braucht man jedoch eines: die Grundform Vergangenheit für „war" heißt kâna (wörtlich also: „er war"). Es wird wie das Beispielverb qâla (s.o.) gebeugt. Lernen Sie es am besten auswendig.

kâna [> kun-]	war
kuntu	ich war
kunta	du (m) warst
kunti	du (w) warst
kâna	er war
kânat	sie war
kunnâ	wir waren
kuntum	ihr (m) wart
kuntunna	ihr (w) wart
kânû	sie (m) waren
kunna	sie (w) waren

Gegenwart

Die Gegenwartsform eines Verbs lässt sich aus der Grundform Vergangenheit ableiten. Dabei entfällt jeweils der erste Selbstlaut nach dem ersten Mitlaut und die Endung -a der Grundform Vergangenheit.

thahaba (gehen) ist die Grundform Vergangenheit (wörtlich: „er ging"). Daraus wird der Stamm für die Gegenwart gebildet: -thhab-. An diesen werden wie im folgenden Beugungsmuster wiederum Vor- und Nachsilben angehängt. Da die Vorsilben sämtlich den Selbstlaut -a- enthalten, wird dieses Beugungsschema „A-Variante" genannt. Weiter unten ist die Rede von der so genannten „U-Variante". Damit ist gemeint, dass das -a- der Vorsilbe regelmäßig durch ein -u- ersetzt wird. Sonst aber bleiben die Beugungsvor- und -nachsilben erhalten.

A-Variante

Einzahl (Ez)		Mehrzahl (Mz)	
ich	**a-...-u**	wir	**na-...-u**
du (m)	**ta-...-u**	ihr (m)	**ta-...-ûna**
du (w)	**ta-...-îna**	ihr (w)	**ta-...-na**
er	**ya-...-u**	sie (m)	**ya-...-ûna**
sie	**ta-...-u**	sie (w)	**ya-...-na**

Die Grundform Gegenwart (wieder die Form für „er ...") lautet für thahaba, -thhab- demnach yathhabu. Diese Form steht auch in der Wörterliste im Anhang (nach der Grundform Vergangenheit).

Das Beugungsmuster auf das Verb thahaba, yathhabu *(gehen) angewandt:*

thahaba [> -thhab-]	gehen
athhabu	ich gehe
tathhabu	du (m) gehst
tathhabîna	du (w) gehst
yathhabu	er geht
tathhabu	sie geht
nathhabu	wir gehen
tathhabûna	ihr (m) geht
tathhabna	ihr (w) geht
yathhabûna	sie (m) gehen
yathhabna	sie (w) gehen

Ausnahmen bei der Bildung der Grundform Gegenwart

Bei Verben, die mit einem i- beginnen, fällt das -i einfach fort: Aus ichtâra (wählen) wird die Grundform Gegenwart yachtâru.

Bei den meisten Verben (die sich aus drei Mitlauten zusammensetzen) ändert sich bei der Bildung der Grundform Gegenwart darüber hinaus der in der Wortmitte stehende Selbstlaut. In kataba (schreiben) wird er zu -u-, die Grundform Gegenwart heißt also yaktubu:

Für den Selbstlautwechsel gibt es keine Regel; daher sollte man die Grundform Gegenwart gleich mit dem Verb mitlernen.

kataba [> -ktub-]	schreiben
aktubu	ich schreibe
taktubu	du (m) schreibst
taktubîna	du (w) schreibst
yaktubu	er schreibt
taktubu	sie schreibt
naktubu	wir schreiben
taktubûna	ihr (m) schreibt
taktubna	ihr (w) schreibt
yaktubûna	sie (m) schreiben
yaktubna	sie (w) schreiben

Bei allen Verben mit doppeltem Mitlaut bleibt der Selbstlaut, der in der Grundform Gegenwart bei regelmäßigen Verben ausfällt, erhalten. Die Grundform Gegenwart von ta*arrafa (kennen lernen) heißt also yata*arrafu. Darüber hinaus gibt es für Verben mit doppeltem Mitlaut eine weitere Ausnahme, die weiter unten erklärt wird.

In der Wörterliste im Anhang werden immer beide Grundformen (Vergangenheit und Gegenwart) genannt. Bei „schreiben" steht also kataba, yaktubu *(er schrieb, er schreibt).*

Verben mit langem -â am Wortende: Das lange -â wird entweder zu -û oder -î. Die kurzen Beugungsnachsilben -u entfallen, die Beugungsnachsilben -îna oder -ûna dagegen bleiben erhalten:

da*â [> -d*û-]	einladen
ad*û	ich lade ein
tad*û	du (m) lädst ein
tad*îna	du (w) lädst ein
yad*û	er lädt ein
tad*û	sie lädt ein
nad*û	wir laden ein
tad*ûna	ihr (m) ladet ein
tad*ûna	ihr (w) ladet ein
yad*ûna	sie (m) laden ein
yad*ûna	sie (w) laden ein

Verben, die auf -iya enden: -iya wird zu einem langen -â, wenn sie auf die regelmäßige Beugungsnachsilbe -u trifft. Sonst verändert sich die Beugungsnachsilbe folgendermaßen: -iya plus Nachsilbe -îna wird zu -aina, -iya plus -ûna wird zu -auna. -iya plus Nachsilbe -na wird zu -îna.

baqiya [> -bqâ-]	bleiben
abqâ	ich bleibe
tabqâ	du (m) bleibst
tabqaina	du (w) bleibst
yabqâ	er bleibt
tabqâ	sie bleibt
nabqâ	wir bleiben
tabqauna	ihr (m) bleibt
tabqîna	ihr (w) bleibt
yabqauna	sie (m) bleiben
yabqîna	sie (w) bleiben

Verben, die aus entweder zwei, vier oder noch mehr Mitlauten zusammengesetzt sind und ein langes -â- in der Wortmitte haben: Das -â- kann zu -û- oder -î- werden, oder das -â- wird beibehalten. Für diesen Wechsel gibt es keine Regel, er muss gleich mitgelernt werden.

qâla [> -qûl-]	sagen
aqûlu	ich sage
taqûlu	du (m) sagst
taqûlîna	du (w) sagst
yaqûlu	er sagt
taqûlu	sie sagt
naqûlu	wir sagen
taqûlûna	ihr (m) sagt
taqûlna	ihr (w) sagt
yaqûlûna	sie (m) sagen
yaqûlna	sie (w) sagen

bâ*a (verkaufen) z. B. wird zu -bî*- und bildet dann die Grundform Gegenwart yabî*u (er verkauft). Bei nâma (schlafen) z. B. bleibt das -â- in der Grundform Gegenwart erhalten (nâm-): yanâmu (er schläft). Diese Regeln gelten auch für längere Verben, wie istaṯâ*a (können). Das i- am Wortanfang fällt bekanntlich fort (s. o.), und aus dem langen -â- wird langes -î- (-staṯî*-): yastaṯî*u (er kann).

Verben, die aus drei Mitlauten zusammengesetzt sind und mit einem a- beginnen: Die Beugung erfolgt nach der U-Variante, der in der Mitte stehende Selbstlaut wird durch ein -i- ersetzt. achbara (benachrichtigen) z. B. wird zu (-chbir-) yuchbiru, aẖabba (mögen, lieben) zu (-ẖibb-) yuẖibbu:

aẖabba [> -ẖibb-]	lieben, mögen
uẖibbu	ich liebe
tuẖibbu	du (m) liebst
tuẖibbîna	du (w) liebst
yuẖibbu	er liebt
tuẖibbu	sie liebt
nuẖibbu	wir lieben
tuẖibbûna	ihr (m) liebt
tuẖbibna	ihr (w) liebt
yuẖibbûna	sie (m) lieben
yuẖbibna	sie (w) lieben

Achtung: Verben wie 'akala (essen) oder 'amara (befehlen) beginnen zwar auch mit einem a-, aber bei ihnen steht davor zusätzlich ein Stimmabsatz. Dieser Stimmabsatz wird wie ein ganz normaler Mitlaut betrachtet, was bewirkt, dass diese Verben regelmäßig gebeugt

U-Variante

Bei manchen Verben verändert sich das regelmäßige Beugungsschema dahingehend, dass das -a- der Beugungsvorsilbe („A-Variante“) regelmäßig durch ein -u- ersetzt wird („U-Variante“). Alles andere bleibt gleich.

werden: 'akala (> -'kul-) bildet die Grundform Gegenwart ya'kulu, es heißt also: a'kulu (ich esse) ta'kulu (du isst) usw.

Verben mit genau drei Mitlauten und einem langen -â- hinter dem ersten Mitlaut: Es wird nach der U-Variante gebeugt, -â- bleibt erhalten, aber der kurze Selbstlaut in der Wortmitte wird zu -i-:

sâ*ada [> -sâ*id-]	helfen
usâ*idu	ich helfe
tusâ*idu	du (m) hilfst
tusâ*idîna	du (w) hilfst
yusâ*idu	er hilft
tusâ*idu	sie hilft
nusâ*idu	wir helfen
tusâ*idûna	ihr (m) helft
tusâ*idna	ihr (w) helft
yusâ*idûna	sie (m) helfen
yusâ*idna	sie (w) helfen

Verben, deren zweiter Mitlaut verdoppelt ist: Es wird nach der U-Variante gebeugt, der erste Selbstlaut bleibt erhalten, aber der nächste Selbstlaut in der Wortmitte wird durch ein -i- ersetzt.

s̲allah̲a [> -s̲allih̲-]	reparieren
us̲allih̲u	ich repariere
tus̲allih̲u	du (m) reparierst
tus̲allih̲îna	du (w) reparierst
yus̲allih̲u	er repariert
tus̲allih̲u	sie repariert
nus̲allih̲u	wir reparieren
tus̲allih̲ûna	ihr (m) repariert
tus̲allih̲na	ihr (w) repariert
yus̲allih̲ûna	sie (m) reparieren
yus̲allih̲na	sie (w) reparieren

Das sind natürlich viel zu viele Regeln, als dass sie alle gelernt werden können. Deshalb ist es zu Anfang hilfreicher, wenn man die Gegenwartsform jedes Verbs mitlernt. Aus ihr können alle diese Veränderungen entnommen werden. Wenn man dann noch den Unterschied zwischen A- und U-Variante kennt, kann man alle hier erklärten Ausnahmen zur Bildung der Grundform Gegenwart aus der Grundform Vergangenheit überspringen.

Zukunft

Ist die Gegenwartsform eines Verbs bekannt, kann daraus die Zukunftsform im Handumdrehen gebildet werden. Um die Zukunft zu bilden, stellt das Arabische das unveränderliche Wort saufa oder einfach nur die Vorsilbe sa- dem Verb in der Gegenwart voran. In der Wort-für-Wort-Übersetzung steht an dieser Stelle die Abkürzung „ZUK" („Zukunft").

saufa aktubu.
ZUK ich-schreibe
Ich werde schreiben.

(oder:) **sa-aktubu.**
ZUK-ich-schreibe
Ich werde schreiben.

wichtige Verben

	Vergangenheit	Gegenwart
ansehen	**nazara**	**yanzuru**
beschimpfen	**sabba**	**yasubbu**
bestellen	**talaba**	**yatlubu**
bezahlen	**dafa*a**	**yadfa*u**
bringen	**djalaba**	**yadjlibu**
jmd. einladen	**da*â**	**yad*û**
erklären	**sharaha**	**yashrahu**
essen	**'akala**	**ya'kulu**
fotografieren	**sawwara**	**yusawwiru**
geben	**a*tâ**	**yu*tî**
gehen, fahren	**thahaba**	**yathhabu**
lesen	**qara'a**	**yaqra'u**
lieben	**ahabba**	**yuhibbu**
machen, tun	**fa*ala**	**yaf*alu**
nachdenken	**fakkara**	**yufakkiru**
nehmen	**'achatha**	**ya'chuthu**
sagen	**qâla**	**yaqûlu**
schlafen	**nâma**	**yanâmu**
sehen	**ra'â**	**yarâ**
sprechen, reden	**takallama**	**yatakkalamu**
trinken	**sharaba**	**yashrabu**
jmd. treffen	**laqiya**	**yalqâ**
verlassen	**taraka**	**yatruku**
verstehen	**fahama**	**yafhamu**
wählen (aus-)	**ichtâra**	**yachtâru**
wissen, kennen	***arafa**	**ya*rifu**
wollen, wünschen	**arâda**	**yurîdu**
wohnen	**sakana**	**yaskunu**
zeigen	**arâ**	**yurî**

tatakallamu al-*arabîya?
du(m)-sprichst das-Arabische
Sprichst du Arabisch?

tashrabûna shâi?
ihr(m)-trinkt Tee
Trinkt ihr Tee?

uẖibbu.
ich-liebe
Ich liebe.

afhimu Dalâl.
ich-verstehe Dalâl
Ich verstehe Dalâl.

Satzstellung

Anders als im Deutschen steht das Tätigkeitswort (Verb) immer am Satzanfang, danach erst wird der Handelnde (Subjekt) genannt, und danach er steht die Satzergänzung (Objekt). An dieses Satzgefüge können sich weitere Angaben, z. B. Zeitangaben oder Umstandsangaben, anschließen:

Verb	Subjekt	Objekt	
aẖabba	**Muẖammad**	**Dalâl.**	
liebte-er	*Muhammad*	*Dalâl*	

Muhammad liebte Dalâl.

dafa*a	**abî**	**al-ẖisâb**	**amsi.**
bezahlte-er	*Vater-mein*	*die-Rechnung*	*gestern*

Mein Vater hat gestern die Rechnung bezahlt.

Wem? oder Wen?

Für dieses Kapitel ist es wichtig, dass man sich kurz noch einmal das Kapitel „Satzstellung“ ansieht, da die Satzergänzung (Objekt) näher betrachtet werden soll.

Haupt-/Eigenschaftswörter als Satzergänzung

Im Arabischen erhält dasjenige Haupt- oder auch Eigenschaftswort, das das Objekt darstellt, die Beugungsendung -an. Das Objekt erhält Beugungsendung aber nur dann, wenn es ohne den Artikel al- (der, die) steht. Eigennamen und Hauptwörter mit bestimmtem Artikel bleiben also unverändert (vgl. auch Beispiele im Kapitel „Satzstellung“!). In der Wort-für-Wort-Übersetzung steht für die Beugungsendung des Objekts die Abkürzung „OBJ“.

yaqra'u kitâban.
er-liest Buch-OBJ
Er liest ein Buch.

urîdu aklan.
ich-will Essen-OBJ
Ich wünsche ein Essen.

ra'û an-nâs ṣûratan.
sahen-sie(m) die-Menschen Bild-OBJ
Die Leute sahen ein Bild.

In Sätzen mit dem Verb kâna (war) bekommt das Objekt auch die Beugungsendung -an. Das Wort „war“ ordnet jemandem Eigenschaften zu, z. B. „Ich war krank.“

anâ marîḏ.	(aber:)	**kuntu marîḏan.**
ich krank		*war-ich krank-OBJ*
Ich bin krank.		Ich war krank.

anta mabsûṯ.	(aber:)	**kunta mabsûṯan.**
du(m) zufrieden		*warst-du(m) zufrieden-OBJ*
Du bist zufrieden.		Du warst zufrieden.

Wird die Beugungsendung -an an ein weibliches Hauptwort (das auf -a endet), dann wird -a durch die ursprüngliche weibliche Endung -at ersetzt.

kânat Fâṯima ṯâlibatan.
war-sie Fâtima Studentin-OBJ
Fâtima war eine Studentin.

hiya ṯâliba.	(aber:)	**kânat ṯâlibatan.**
sie Studentin		*war-sie Studentin-OBJ*
Sie ist eine Studentin.		Sie war eine Studentin.

hiya aṯ-ṯâliba.	**kânat aṯ-ṯâliba.**
sie die-Studentin	*war-sie die-Studentin*
Sie ist die Studentin.	Sie war die Studentin.

Steht das Objekt jedoch mit dem Artikel al-, *wird die Beugungsendung nicht angehängt.*

Auch wenn Eigenschaftswörter Handlungen beschreiben (Umstandswörter od. Adverbien), wird die Objekt-Endung -an angehängt:

al-akl ḏjaiyid. aber:	**akala ḏjaiyidan.**
das-Essen gut	*er-aß gut-OBJ*
Das Essen ist gut.	Er aß gut.

saufa tatakallamu al-*arabîya djaiyidan.
ZUK du(m)-sprichst das-Arabische gut-OBJ
Du wirst gut Arabisch sprechen.

sa-tatakallamu djaiyidan ba*da qalîl.
ZUK-du(m)-sprichst gut-OBJ nach wenig
Du wirst bald gut sprechen.

persönliche Fürwörter als Satzergänzung

Die Endungen werden an das Verb angehängt, erhalten aber nicht die Objekt-Endung -an! *Einzige Ausnahme zu den besitzanzeigenden Fürwörtern: Statt* -î *(mein) wird* -nî *(mir, mich) angehängt.*

Für „dir, dich, mir, mich“ usw. in Konstruktionen wie „ich gebe dir“, „ich sehe dich“ werden dieselben Endungen verwendet wie für die besitzanzeigenden Fürwörter „mein, dein“ usw. Vergleichen Sie deshalb die Übersicht im Kapitel „Besitzanzeige“!

ra'aituka.
sah-ich-dich(m)
Ich habe dich gesehen.

hababtahâ?
liebtest-du(m)-sie
Hast du sie geliebt?

katabahum.
schrieb-er-ihnen(m)
Er hat ihnen geschrieben.

ra'aitanî?
sahst-du(m)-mich
Hast du mich gesehen?

weitere Möglichkeiten mit „-an“

Mit der Objekt-Endung -an *kann man außerdem Zeitangaben bilden.*

sabâh	Morgen	**sabâhan**	morgens
zuhr	Mittag	**zuhran**	mittags
yaum	Tag	**yauman**	täglich

Können & Müssen

Mumkin heißt eigentlich „möglich". In Verbindung mit Verben jedoch ersetzt es das deutsche Modalverb „können":

mumkin *indaka mâ'?
möglich bei-dir(m) Wasser
Haben Sie vielleicht Wasser?

mumkin

mumkin aschrabu bîra hunâ?
möglich ich-trinke Bier hier
Kann ich hier Bier trinken?

„Nicht möglich" heißt ghair mumkin:

lâ, ghair mumkin, hâthâ maṯ*am islâmî.
nein, nicht möglich, dieses Restaurant moslemisch
Nein, das ist nicht möglich, dies ist ein moslemisches Restaurant.

ghair mumkin

Genauso geht es mit „müssen". Das arabische Wort lâzim heißt „notwendig" und erfüllt den Zweck des deutschen Modalverbs „müssen".

lâzim aktubu risâlatan.
notwenig ich-schreibe Brief-OBJ
Ich soll einen Brief schreiben.

lâzim

lâzim adrusu al-*arabîya.
notwendig ich-lerne das-Arabische
Ich muss Arabisch lernen.

Bindewörter

Die Bindewörter (Konjunktionen) werden wie im Deutschen verwendet.

lâkin	aber
faqa<u>t</u>	nur
ka'anna	als ob
illâ	außer
qabla mâ	bevor
ilâ an	bis, dass
<u>h</u>attâ	bis
an	dass
mi<u>th</u>la	wie
ba*da thâlika	danach
li-anna	denn / weil
ba*da mâ	nachdem
au	oder
min ad<u>j</u>li	um zu, damit
wa, w-	und
allathî (m)	jener, welcher
allati (w)	jene, welche

Achtung: wa *(und)* verschmilzt mit dem Artikel al *(der, die)* zu wal *(und der/die)*.

Vielseitig ist vor allem das Bindewort min ad<u>j</u>li (um zu, damit). Mit diesem Wort kann eine Handlung oder ein Gegenstand leicht umschrieben werden. Kennen Sie das Wort für „Stift" nicht? Fragen Sie einfach nach „einer Sache, damit ich schreibe":

urîdu shal'an min ad<u>j</u>li aktubu.
ich-will Sache-OBJ damit ich-schreibe.
Ich möchte etwas, um zu schreiben.

Das deutsche „dass“ heißt an *und wird genauso gebraucht wie im Deutschen.*

urîdu an taktubu hâthâ.
ich-will dass du-schreibst dieses
Ich möchte, dass du das schreibst.

a*rifu an kunta marîdan.
ich-weiß dass warst-du(m) krank-OBJ
Ich weiß, dass du krank warst.

qultu an ...
sagte-ich dass ...
Ich habe gesagt, dass ...

Wo man im Deutschen zwei Verben miteinander kombiniert, steht im Arabischen ein dass-Satz:

urîdu an akulu shai'an.
ich-will dass ich-esse Sache-OBJ
Ich möchte etwas essen.

urîdu an attasilu.
ich-will dass ich-telefoniere
Ich möchte telefonieren.

„Weil“ heißt im Arabischen li-anna. Und noch etwas: Für das unpersönliche „es“ verwendet man im Arabischen die männliche Form huwa (er):

hâthâ ghâliy li-anna huwa qadîm.
dieses teuer weil er alt
Dies ist teuer, weil es alt ist.

Für Satzkontruktionen, wie z. B. „der Mann, welcher (der) ...“, „das Mädchen, welches (das) ...“, braucht man allathî (welcher) für männliche Hauptwörter und allatî (welche) für weibliche Hauptwörter.

al-bint allatî ra'aituhâ amsi kânat Dalâl.
das-Mädchen welches sah-ich-sie gestern war-sie Dalâl
Das Mädchen, das ich gestern sah, war Dalâl.

hâthâ ar-radjul allathî qâla an ...
dieses der-Mann welcher sagte-er dass ...
Das ist der Mann, der sagte, dass ...

al-bait allathî akbar bait huwa baitî.
das-Haus welches größer Haus er Haus-mein
Das größte Haus ist mein Haus.

Verhältniswörter

Die Verhältniswörter fî, bi, und li werden zusammen mit dem Artikel al- zu fîl-, bil- und lil-.

***alâ**	auf, nach	**fauqa**	über
***inda**	bei	**tahta**	unter
li	für, zu, nach	**bi**	mit, mittels
chalfa	hinter	**min**	von, aus
fî	in	***an**	von etw. fort
ma*a	mit	**amâma**	vor (örtl.)
ba*da	nach	**qabla**	vor (zeitl.)
bidjânibi	neben	**ilâ**	zu
bidûni	ohne	**baina**	zwischen

huwa fîl-madîna.
er in-die-Stadt
Er ist in der Stadt.

anâ *alâ as-sâha.
ich auf-der-Platz
Ich bin auf dem Platz.

sa-naltaqî amâma al-funduq.
ZUK-wir-treffen-uns vor das-Hotel
Wir werden uns vor dem Hotel treffen.

Auch an die Verhältniswörter können die Endungen für „mir, mich, dir, dich" usw. angehängt werden. Es sind dieselben Endungen wie für die besitzanzeigenden Fürwörter. Allerdings verändern sich dabei einige Verhältniswörter:

li (für)	***alâ** (auf)	**ilâ** (zu)
> la-	**> *alai-**	**> ilai-**

-î (Endung für „mein, mir") wird zu -ya, wenn es an Verhältniswörter, die auf -i bzw. -î enden, angehängt wird.

fî + -î	**(*alâ) *alai- + -î**	**(ilâ) ilai- + -î**
fîya (in mir)	***alaiya** (auf mir)	**ilaiya** (zu mir)

Endet ein Verhältniswort auf -a, wird dieses einfach verdrängt: „für mich" heißt lî, „bei mir" *indî, „über mir" fauqî!

chalfaka / chalfaki
hinter-dir(m/w)
hinter dir

baitî amâmanâ.
Haus-mein vor-uns
Mein Haus ist vor uns.

ma*aka al-haqq.
mit-dir(m) das-Recht
Du hast Recht.

nathhabu ilâ al-funduq.
wir-gehen in das-Hotel
Wir gehen ins Hotel.

Wie im Deutschen werden viele Verben mit bestimmten Verhältniswörtern gekoppelt. Oft sind es die gleichen Verhältniswörter wie im Deutschen, z. B. „zu jmd. gehen", „für jmd. etw. tun". Teilweise werden im Arabischen aber andere Verhältniswörter als im Deutschen verlangt, so steht „denken" im Deutschen mit „an" („an jmd. denken"), im Arabischen sagt man aber fî (in), also „in etwas/jmd. denken". Weicht der Gebrauch der Verhältniswörter vom Deutschen ab, so ist das arabische Verhältniswort in den Wörterlisten im Anhang vermerkt.

thahabtu ilaiki.
ging-ich zu-dir(w)
Ich ging zu dir.

fakkartu fîki.
dachte-ich in-dir(w)
Ich dachte an dich.

itassalnâ ma*ahu.
telefonierten-wir mit-ihm
Wir haben mit ihm telefoniert.

qâla lî, an ...
sagte-er für-mich, dass ...
Er sagte mir, dass ...

Fragen

Man muss zwischen zwei Arten von Fragesätzen unterscheiden: Ergänzungsfragen und Satzfragen.

Ergänzungsfragen

Ergänzungsfragen sind Fragen mit Fragewörtern. Auf diese Fragen muss man mit einem vollständigen Satz antworten.

man?	wer?
aiy?	welche(r, -s)?
kaifa?	wie?
mâthâ?, mâ?	was?
li-mâthâ? *für-was*	warum?
mata?	wann
aina?	wo?
ilâ-aina? *zu-wo*	wohin?
min-aina? *von-wo*	woher?
kam?	wie viel?
bi-kam? *mit-wieviel*	wie viel kostet?
na*am?	wie bitte?

Die Fragewörter stehen immer am Satzanfang.

aina al-mahatta?
wo der-Bahnhof
Wo ist der Bahnhof?

min-aina antum?
von-wo ihr
Woher seid ihr?

mâ hâthâ?
was dieses
Was ist das?

kaifa a*t*-*t*aqs?
wie das-Wetter
Wie ist das Wetter?

Mit bi-kam *„mit-wieviel" kann man direkt nach dem Preis einer Sache fragen.*

bi-kam al-kîlû ba*t*â*t*â?
mit-wieviel das-Kilo Kartoffel(GATT)
Wie viel kostet das Kilo Kartoffeln?

An Fragewörter können auch die besitzanzeigenden Fürwörter (bzw. Endungen) angehängt werden (vgl. gleichnam. Kapitel):

kaifa huwa?
wie er
Wie geht es ihm?

kaifahu?
wie-er
Wie geht es ihm?

Entscheidungsfragen

Entscheidungsfragen sind Fragen ohne Fragewörter, man antwortet entweder mit „ja" oder „nein". Im Arabischen werden sie mit der Fragepartikel hal (in der Wort-für-Wort-Übersetzung mit „FRA" abgekürzt) gebildet. hal steht am Satzanfang und kündigt an, dass der folgende Satz eine Frage ist.

In Fragesätzen ohne Verben muss hal *immer stehen. Die Satzstellung ändert sich nicht.*

hal Hassan fîl-bait?
FRA Hassan in-das-Haus
Ist Hassan zu Hause?

hal anta marîd?
FRA du(m) krank(m)
Bist du krank?

In Fragesätzen, in denen Verben vorkommen, kann auch auf hal verzichtet werden. Wie im Deutschen zeigt ein Anheben der Stimme am

Satzende an, dass es sich um eine Frage handelt. An der normalen Satzstellung ändert sich dabei nichts:

hal katabta ar-risâla?
FRA schriebst-du(m) der-Brief
Hast du den Brief geschrieben?

katabta ar-risâla?
schriebst-du(m) der-Brief
Hast du den Brief geschrieben?

Verneinung

Im Hocharabischen gibt es drei verschiedene Verneinungswörter: lâ („nicht", zugleich auch „nein"), mâ (nicht) und das Verb laisa (Grundform Gegenwart: „er ist nicht").

Mit mâ werden Verben in der Vergangenheit verneint. mâ wird dem Verb vorangestellt:

mâ ra'aituka amsi.
nicht sah-ich-dich(m) gestern
Ich habe dich gestern nicht gesehen.

mâ ishtarainâ saiyaratan.
nicht kauften-wir Auto-OBJ
Wir haben kein Auto gekauft.

lâ a*rifuhu.
nicht ich-weiß-ihn
Ich weiß es nicht.

li-mâthâ lâ taktubîna?
warum nicht du(w)-schreibst
Warum schreibst du nicht?

lâ *(nein, nicht) wird für Verben in der Gegenwart und Zukunft verwendet.*

lâ sa-athhabu ilâ al-madîna.
nicht ZUK-ich-gehe zu die-Stadt
Ich werde nicht in die Stadt gehen.

Sätze ohne Verben kann man mit mâ *(nicht) verneinen.*

mâ *indî kitâb.
nicht bei-mir Buch
Ich habe kein Buch.

Besser ist jedoch eine andere Verneinungsmöglichkeit, und zwar mit dem Verb laisa (nicht sein). laisa heißt wörtlich „er ist nicht" und wird mit den Beugungsendungen für die Vergangenheit gebeugt, aber in der Gegenwart übersetzt!

laisa [> las-]	nicht sein
lastu	ich bin nicht
lasta	du (m) bist nicht
lasti	du (w) bist nicht
laisa	er ist nicht
laisat	sie ist nicht
lasnâ	wir sind nicht
lastum	ihr (m) seid nicht
lastunna	ihr (w) seid nicht
laisû	sie (m) sind nicht
laisunna	sie (w) sind nicht

Da laisa im Arabischen ein Verb ist, gilt wie für kâna (war) die Regel, dass die folgende Satzergänzung (z. B. Eigenschaftswort oder Hauptwort) die Objekt-Endung -an erhält (vgl. Kap. „Wem? oder Wen?"). Das gilt allerdings nicht für Konstruktionen mit *inda (bei).

al-bait laisa saghîran.
das-Haus es-ist-nicht klein-OBJ
Das Haus ist nicht klein.

al-funduq laisa wasichan.
das-Hotel es-ist-nicht dreckig-OBJ
Das Hotel ist nicht dreckig.

lastu kabîran.
ich-bin-nicht groß-OBJ
Ich bin nicht groß.

al-akl laisa taiyiban.
das-Essen es-ist-nicht gut-OBJ
Das Essen ist nicht gut.

laisat maridatan.
sie-ist-nicht krank(w)
Sie ist nicht krank.

laisa kitâb *indî.
es-ist-nicht Buch bei-mir
Ich habe kein Buch.

laisa *indahu bait.
es-ist-nicht bei-ihm Haus
Er hat kein Haus.

lâ kitâb fîs-sûq.
nicht Buch in-der-Markt
Es gibt kein Buch auf dem Markt.

lâ ilâh illâ allâh.
nicht Gott außer Allah
Es gibt keinen Gott außer Allah.

lâ abadan	niemals	**lâ ahad**	niemand
nicht jemals		*nicht jemand*	
lâ fî makân	nirgends	**lâ shai'**	nichts
nicht in Ort		*nicht Sache*	

Mit vorangestelltem lâ *(nein, nicht) kann man Hauptwörter verneinen. Die verneinten unbestimmten Fürwörter „niemals", niemand", „nirgends" und „nichts" werden auch mit* lâ *(nein, nicht) gebildet.*

mâthâ turîdu?
was du(m)-willst
Was möchtest du?

lâ shai'!
nicht Sache
Nichts!

lâ a<u>h</u>ad kâna fîl-bait.
nicht jemand war-er in-das-Haus
Niemand war im Haus.

Auffordern

Kennt man die Gegenwartsform eines Verbs, ist es sehr einfach, die Aufforderungsform (Imperativ) zu bilden. Zunächst braucht man die Grundform Gegenwart ohne die Beugungsvor- und -nachsilben. Für das Verb kataba (schreiben) z. B. ist dies -ktub-. Zur besseren Aussprache wird nun nur noch ein u oder ein i davorgehängt, und schon hat man die Aufforderungsform.

u- wird immer dann davorgehängt, wenn der Selbstlaut des Stammes auch ein -u- enthält, i- steht davor, wenn der Stamm ein -a- oder ein -i- enthält. Aus -ktub- bildet man also: uktub! (schreibe!)

Es gibt jedoch auch Grundformen Gegenwart (jeweils ohne Beugungssilben!), die ohne einen zusätzlichen Selbstlaut am Wortanfang gut aussprechbar sind. Dazu gehören viele Formen mit mehr als drei Mitlauten, also genau die, die die Gegenwart unregelmäßig bilden. Bei der Bildung der Aufforderungsform sind sie die einfachsten: Die Grundform Gegenwart (ohne die Beugungsvor- und-nachsilben!) ist bereits die Aufforderungsform: Aus sâ*ada (helfen = Grundform Vergangenheit) z. B. wird der Stamm der Grundform Gegenwart: -sâ*id-. Die Aufforderungsform lautet also: sâ*id! (hilf!). Aus sallaha (reparieren) wird -sallih-, also sallih! (repariere!) usw.

Allerdings gibt es auch einige Ausnahmen. Deshalb empfehle ich, auf die in den Wörterlisten mitangegebenen unregelmäßigen Aufforderungsformen zu achten. Diese müssen dann leider mitgelernt werden. Hier noch einmal einige wichtige Aufforderungsformen, manche sind regelmäßig, andere aber auch nicht:

Grundform Vergangenheit	Aufforderung
sharaba (er trank)	**ishrab!** (trink!)
'achatha (er nahm)	**chuth!** (nimm!)
'akala (er aß)	**kul!** (iss!)
fa*ala (er machte)	**if*al!** (mach!)
qâla (er sagte)	**qul!** (sag!)
thahaba (er ging)	**ithhab!** (geh!)
ra'â (er schaute)	**ra!** (schau!)
ishtarâ (er kaufte)	**ishtari!** (kauf!)

Die beiden folgenden Aufforderungen werden aus keinem gebräuchlichen Verb abgeleitet:

hât!	gib!, bring!	**ta*âla**	komm her!

Wird eine Frau zu etwas aufgefordert, wird an die oben gebildete Befehlsform ein -î angehängt. Spricht man eine Gruppe Männer an (auch eine gemischte Gruppe aus Männern und Frauen), wird ein -û angehängt, für eine Gruppe, die ausschließlich aus Frauen besteht, wird die Endung -na angehängt:

ishrabî!	**ta*âlî!**	**if*alû!**	**kulna!**
trink!	komm!	macht!	esst!

Zahlen & Zählen

Obwohl die bei uns gebräuchlichen Ziffern arabisch genannt werden, sind im östlichen Teil der arabischen Welt andere Ziffern in Gebrauch. Dort werden sie „indische Ziffern" genannt: al-arqâm al-hindîya. In Europa übernahm man die im Mittelalter in Spanien gebräuchlichen Ziffern. Diese uns geläufigen Ziffern werden auch heute noch in den Staaten des Maghreb gebraucht.

Grundzahlen

٠	0	**sifr**			
١	1	**wâhid**	٦	6	**sitta**
٢	2	**ithnân**	٧	7	**sab*a**
٣	3	**thalâtha**	٨	8	**thamâniya**
٤	4	**arba*a**	٩	9	**tis*a**
٥	5	**chamsa**	١٠	10	***ashara**

Die Zahlen von 11 bis 19 enden auf -*ashar:

11	**ahada*ashar**	16	**sittata*ashar**
12	**ithnâ*ashar**	17	**sab*ata*ashar**
13	**thalâthata*ashar**	18	**thamâniyata*ashar**
14	**arba*ata*ashar**	19	**tis*ata*ashar**
15	**chamsata*ashar**		

Die Zehner (außer der Zahl 10) enden auf -ûn:

20	***ishrûn**	60	**sittûn**
30	**thalâthûn**	70	**sab*ûn**
40	**arba*ûn**	80	**thamanûn**
50	**chamsûn**	90	**tis*ûn**

Die Verbindung der Zehner und Einer erfolgt durch wa (und), so dass wie im Deutschen der Einer vor dem Zehner steht. wâhid wa *ishrûn heißt wörtlich „eins und zwanzig“:

21	**wâhid wa *ishrûn**
22	**ithnâni wa *ishrûn** (usw.)

Die Zahlen von 100 bis 900 enden auf mi'a (w). Ausnahme: 200 ist die Zweiform von mi'a:

100	**mi'a**	600	**sittumi'a**
200	**mi'atân**	700	**sab*umi'a**
300	**thalâthumi'a**	800	**thamaniyumi'a**
400	**arba*umi'a**	900	**tis*umi'a**
500	**chamsumi'a**		

Die Tausender enden auf -alâf. 1000 heißt alf, und 2000 ist wieder die Zweiform von 1000.

1000	**alf**	6000	**sittatalâf**
2000	**alfân**	7000	**sab*atalâf**
3000	**thalâthatalâf**	8000	**thamâniyatalâf**
4000	**arba*atalâf**	9000	**tis*atalâf**
5000	**chamsatalâf**		

Alle weiteren Zahlen werden durch Zusammensetzen wie im Deutschen gebildet:

ithnâ*ashar alf wa chamsumi'a
zwölf tausend und fünf-hundert
zwölftausendfünfhundert (12.500)

wâhid wa *ishrûn alf wa thalâthumi'a wa sab*ata*ashar
eins und zwanzig tausend und drei-hundert und siebzehn
21.317

„Million“ heißt auch im Arabischen milyûn!

Das, was man zählt, steht hinter dem Zahlwort in der Einzahl:

Ausnahme: Nur bei den Zahlen 3 bis 10 stehen die Gegenstände (oder die Personen), die man zählt, in der Mehrzahl.

***indî chamsata*ashar bantalûn.**
bei-mir fünfzehn Hose(Ez)
Ich habe fünfzehn Hosen.

lâkin anâ, *indî sitta bantalûnât faqat.
aber ich, bei-mir sechs Hosen(Mz) nur
Ich aber habe nur sechs Hosen.

Grundrechenarten

Addition	(+, plus, und)	**wa**
Substraktion	(–, minus, weniger)	**nâqis**
Multiplikation	(x, mal)	**fî**
Division	(:, geteilt durch)	***alâ**
Ergebnis	(=, gleich)	**yusâwî**

12 : 3 = 4
ithnata*ashar *alâ thalâtha yusâwî arba*a
zwölf über drei gleich vier
12 geteilt durch 3 gleich 4

2 x 5 = 10
ithnâni fî chamsa yusâwî *ashara
zwei in fünf gleich zehn
2 mal 5 gleich 10

Ordnungszahlen

Die Ordnungszahlen verhalten sich wie Eigenschaftswörter und müssen bei Bedarf dem weiblichen Hauptwort angepasst werden.

al-auwal, al-ûlâ	erste(r)
ath-thâni, -ya	zweite(r)
ath-thâlith, -a	dritte(r)
ar-râbi*, -a	vierte(r)
al-châmis, -a	fünfte(r)
as-sâdis, -a	sechste(r)
as-sâbi*, -a	siebte(r)
at-thâmin, -a	achte(r)
at-tâsi*, -a	neunte(r)
al-*âshir, -a	zehnte(r)

Ausnahme: „die erste" heißt al-ûlâ! *Die Ordnungszahlen stehen immer mit dem Artikel* al- *(der, die).*

Von „11." (elfter, elfte) an werden die Grundzahlen als Ordnungszahlen benutzt.

kâna ar-radjul ath-thâlith kabîran.
war-er der-Mann der-dritte groß-OBJ
Der dritte Mann war groß.

kâna ar-radjul al-ithanâ*ashar kabîran.
war-er der-Mann der-zwölf-OBJ
Der zwölfte Mann war groß. groß

Die Zahlwörter „erstens, zweitens" usw. werden mit der Ordnungszahl und nachgestelltem -an (das ist die Objekt-Endung) gebildet:

auwalan	erstens	**thâniyan**	zweitens
thâlithan	drittens	**râbi*an**	viertens

Bruchzahlen

nisf	1/2	**rub***	1/4
thulth	1/3	**chums**	1/5

Zeit & Datum

wichtige Zeitwörter

al-yaum *der-Tag*	heute
ghadan	morgen
amsi	gestern
al-ân	jetzt
ba*da qalîl *nach wenig*	bald
ba*da ghad *nach morgen*	übermorgen
auwal ams *erster gestern*	vorgestern
ba*da thâlika *nach jenem*	danach, gleich

wasaltu amsi.
ankam-ich gestern
Ich kam gestern an.

hât al-kitâb al-ân!
gib das-Buch jetzt
Gib das Buch jetzt!

sa-usâfir ghadan.
ZUK-ich-reise morgen
Ich werde morgen abreisen.

Uhrzeit

Auch wenn in arabischen Ländern mit der Zeit etwas großzügiger umgegangen wird als in Mitteleuropa, muss man trotzdem manchmal nach ihr fragen. kam as-sâ*a? („wie spät?“) ist der entscheidende Satz.

Seien Sie um eine Antwort nicht verlegen: as-sâ*a *heißt „die Uhr" und auch „die Stunde". Es folgt die Uhrzeit, die mit einer Ordnungszahl (weibliche Form!) bezeichnet wird; „vor" wird mit* illâ *(weniger) und „nach" mit* wa *(und) ausgedrückt.*

as-sâ*a as-sâdisa.
die-Stunde die-sechste
Es ist sechs Uhr.

as-sâ*a ar-râbi*a wa nisf.
die-Stunde die-vierte und halb
Es ist halb fünf.

as-sâ*a ath-thâlitha illâ rub*.
die-Stunde die-dritte weniger viertel
Es ist Viertel vor drei.

as-sâ*a ath-thâniya wa thulth.
die-Stunde die-zweite und drittel
Es ist zwei Uhr zwanzig.

as-sâ*a al-châmisa wa *ashara.
die-Stunde die-fünfte und zehn
Es ist fünf Uhr zehn.

Wochentage

(yaum) as-sabt *„Sabbat"*	Samstag
(yaum) al-ahad	Sonntag
(yaum) al-ithnain	Montag
(yaum) at-thalâthâ'	Dienstag
(yaum) al-arba*â'	Mittwoch
(yaum) al-chamîs	Donnerstag
(yaum) al-djum*a *„Tag der Versammlung"*	Freitag

Monate

In der arabischen Welt gibt es zwei Zeitrechnungen, die christliche und die moslemische, die je nach Staat unterschiedlich wichtig sind. In der moslemischen Zeitrechnung liegt das Mondjahr mit 354 Tagen zugrunde, das in zwölf Monate eingeteilt ist.

Die Monate des moslemischen Kalenders „wandern" daher durch den christlichen Kalender. Der 9. Monat ist der „Fastenmonat", der 12. Monat ist der „Pilgermonat".

1.	**al-muharram**	7.	**radjab**
2.	**safar**	8.	**sha*bân**
3.	**rabî* al-auwal**	9.	**ramadân**
4.	**rabî* ath-thâni**	10.	**shauwâl**
5.	**djumâdâ al-ûlâ**	11.	**thû al-qa*da**
6.	**djumâdâ al-âchira**	12.	**thû al-hidjdja**

Die Monate der christlichen Zeitrechnung tragen in den verschiedenen Ländern unterschiedliche Namen. Im Maghreb und Ägypten sind die lateinischen Namen bekannt, in Syrien, Palästina und dem Irak jene aus der alten syrischen Sprache, die vor dem Arabischen im Nahen Osten gesprochen wurde. In ausschließlich moslemischen Ländern, wie Saudi-Arabien, kennt kaum jemand die Namen christlicher Monate.

Die Namen im Maghreb und in Ägypten:

yanâyir	Januar	**yûliyû**	Juli
fabrâyir	Februar	**aghustus**	August
mâris	März	**sibtambar**	September
abrîl	April	**uktûbar**	Oktober
mâyû	Mai	**nûfambar**	November
yûnyû	Juni	**disambar**	Dezember

Die Namen in Syrien, Palästina und im Irak:

kânûn ath-thânî	Jan.	**tammûz**	Juli
shubbât	Febr.	**âb**	August
âthâr	März	**ailûl**	Sept.
nîsân	April	**tishrîn al-auwal**	Okt.
aiyâr	Mai	**tishrîn ath-thânî**	Nov.
hazîrân	Juni	**kânûn al-auwal**	Dez.

Diese Verworrenheit der Namen hat dazu geführt, dass viele Araber z. B. auch nur vom „Monat vier“ sprechen und damit „April“ meinen.

... fî shahr arba*a
... in Monat vier
... im April.

fî thalathata*ashar sitta
in dreizehn sechs
Am 13.6. (am 13. Juni)

Maße & Gewichte

Die traditionellen Gewichtseinheiten wurden auch in den arabischen Ländern vom metrischen System verdrängt. Allerdings sind in den einzelnen Ländern nach wie vor ursprüngliche Gewichtseinheiten auf dem Markt gebräuchlich, wie z. B. mithqâl, ratl oder wiqîya. Auch bei Währungsangaben sind nicht selten Namen in Gebrauch, die auf keiner Münze oder Schein stehen. So wird im Maghreb oft mit riyâl gerechnet, obwohl die Währung offiziell dinâr heißt.

Informieren Sie sich bei Freunden über die Gepflogenheiten des Marktes, es wird bestimmt interessant und kompliziert werden.

kam ghram al-wiqîya hunâ fî Dimashq?
wieviel Gramm die-Wiqiya hier in Damaskus
Wie viel Gramm ist die Wiqiya hier in Damaskus?

min hunâ ilâ Makka taqrîban mi'atân kîlûmitr.
von dort nach Mekka ungefähr zweihundert Kilometer
Von hier nach Mekka sind es ungefähr zweihundert Kilometer.

ghram, -ât	Gramm
kîlûghram, -ât	Kilogramm
mitr, amtâr	Meter
kîlûmitr, -ât	Kilometer
litr, -ât	Liter

Geläufige arabische Währungen sind:

dînâr, danânîr	Dinar (lat. „Denarius“)
dirham, darâhim	Dirham (griech. „Drachme“)
fils, fulûs	Fils (arab.)
qirsh, qurûsh	Piaster (dt. „Groschen“)
riyâl, riyâlât	Riyal (span. „Real“)

Straßenschilder im Sultanat Oman

Noch etwas zur Schrift

Im nun folgenden Konversationsteil steht zu jedem Satz in Umschrift der Satz in der arabischen Schrift, so wie sie im Kapitel „Die Schrift" beschrieben wurde. Sie können die Sätze also mitlesen, müssen aber nicht. Sie können Sie auch vorzeigen, um besser verstanden zu werden.

Wenige Wörter, die anders gesprochen als geschrieben werden:

هذا	هذه	ذلك	لكن	ألله
hâthâ	**hâthihî**	**thâlika**	**lâkin**	**allâh**
dieser	diese	jener	aber	Allah

Wenn Sie die Schrift genau studieren, wird Ihnen auffallen, dass einige wenige Wörter nicht so geschrieben werden, wie sie gesprochen werden. Ebenso wie man im Deutschen „gucken" schreibt, aber „kucken" spricht. Hier kann ich nur antworten: Das ist so, basta.

Die Endung -a ة ـة für weibliche Hauptwörter wird durch ein h ه ـه wiedergegeben, auf das zwei Punkte (eigentlich die beiden Punkte vom t: ت) gesetzt werden:
Also:

مدينة
madîna (Stadt)

Die Objekt-Endung -an wird nur durch ein Alîf geschrieben mit zwei darüberstehenden Strichen, z. B.:

كبيرا
kabîran („groß-OBJ")

Die Hadsch, die Wallfahrt nach Mekka

Kurz-Knigge

Der arabische Sprachraum reicht vom atlantischen bis zum indischen Ozean, ein Gebiet, in dem sich viele unterschiedliche Traditionen und Kulturen entdecken lassen. Eine einheitliche „arabische Kultur" gibt es nicht! Nicht einmal der Islam kann diese Kultur vereinheitlichen, die die Presse oft präsentieren und manchmal auch als Bedrohung darstellen will.

In den einzelnen Ländern wird die Religion mit anderen Riten und unterschiedlichen Vorstellungen praktiziert. Für den Unterschied zwischen den Lebensverhältnissen in Beirut und einem Beduinenstamm der Sahara beispielsweise gibt es im deutschen Sprachraum keinen Vergleich. Deshalb ist es auch schwierig, für alle diese Kulturen einheitliche Ratschläge für ein angemessenes Verhalten zu geben.

An einer fremden Kultur erkennt man zuallerst reine Äußerlichkeiten. Äußerlich ist vor allem die Kleidung. Dürftige Kleidung mag uns dem Klima angemessen erscheinen, erweckt bei Arabern aber eher den Eindruck der Lächerlichkeit. Natürlich kommt es immer auf die Umgebung an, doch man macht nichts falsch, wenn man als Mann kurze Hosen und ärmellose T-Shirts vermeidet, als Frau einen Rock bis über die Knie oder Hosen trägt und Schultern und Dekolleté

Kleidung bedeckt hält. Ein BH ist stets empfehlenswert! In ländlichen Gegenden können noch strengere Ansprüche, vor allem an die Kleidung von Frauen, gestellt werden. Dann ist eine langärmelige Bluse angemessen.

Ramadan Der Islam kennt einige Regeln, die in den einzelnen Ländern unterschiedlich streng beachtet werden. Dazu gehört z. B. der Ramadan, der Fastenmonat. Moslems essen, trinken und rauchen nicht von Sonnenauf- bis Sonnenuntergang. In einigen Ländern ist dies ein Gesetz, das auch von Nicht-Moslems beachtet werden muss. Wo dies kein Gesetz, aber Sitte ist, wird zumindest die Respektierung dieses Gebots erwartet und davon ausgegangen, dass es in der Öffentlichkeit eingehalten wird.

Alkohol Das Gleiche gilt für den Alkoholkonsum. Selbst dort, wo Alkohol mittlerweile in weiten Kreisen getrunken wird, wird Maß gehalten und Trunkenheit im Allgemeinen vermieden.

Linke Hand Wissen sollte man auch, dass die linke Hand als unrein gilt, da man sich mit ihr wäscht! Die linke Hand ist also beim Essen und Händeschütteln tabu. Diese Regel zu missachten, wäre stark beleidigend!

Gesten Erschrecken sollte man nicht, wenn man als Antwort auf eine Frage ein empört wirkenden Zungenschnalzen erntet, zu dem der Kopf hochgezogen wird. Das ist keine unhöfliche oder gar verächtliche Geste, sondern heißt einfach „Nein!“ Selbst die Mimik und Gestik weicht in den arabischen Ländern von unseren Gebräuchen ab. Die folgenden Zeichnungen sollen eine Einführung in die Zeichensprache geben:

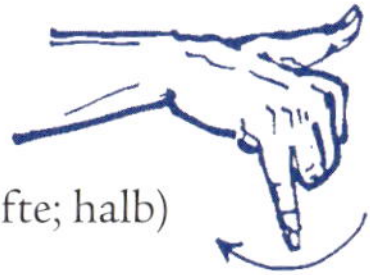

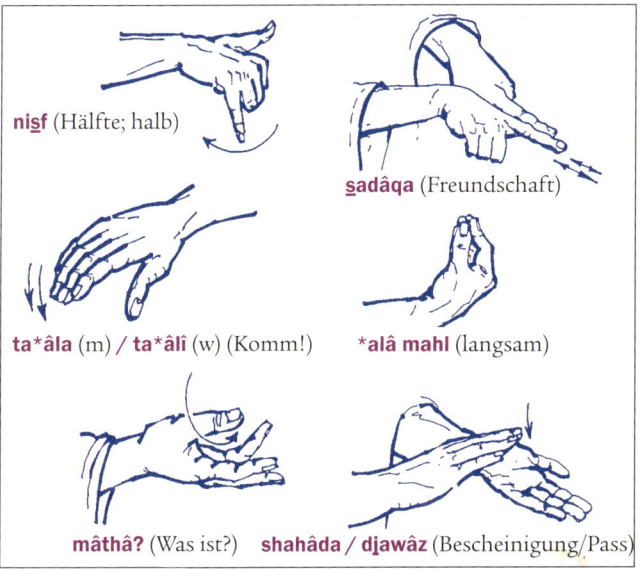

nisf (Hälfte; halb)

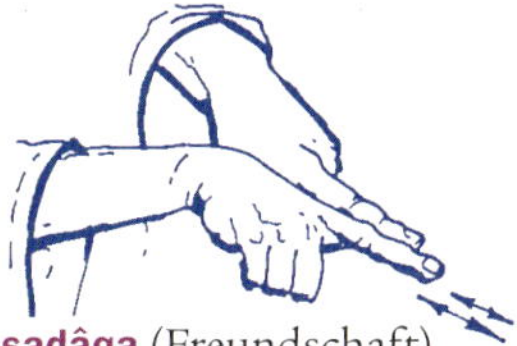

sadâqa (Freundschaft)

ta*âla (m) / **ta*âlî** (w) (Komm!)

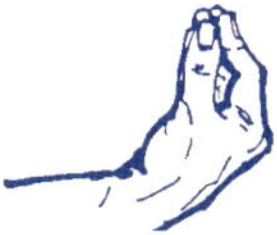

***alâ mahl** (langsam)

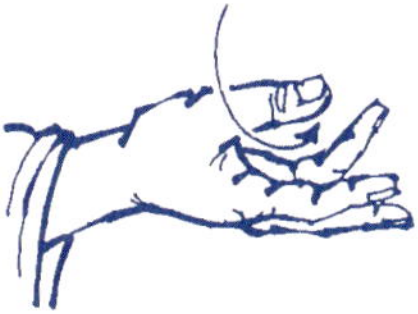

mâthâ? (Was ist?)

shahâda / djawâz (Bescheinigung/Pass)

Als Frau alleine

Als Frau alleine durch arabische Länder zu reisen, ist zwar nicht unmöglich, aber schwerer als für Männer. Dass eine Frau allein unterwegs ist, wird kaum verstanden, gelegentlich sogar als „Einladung“ missdeutet. Die Klischeevorstellungen hinsichtlich der Geschlechter zwischen der europäischen und der arabischen Kultur leiden seit jeher unter wechselseitigen Projektionen. Dazu gehört beispielsweise, dass europäische Frauen in den Augen der Araber gerne auf sexuelle Angebote eingehen.

Versuchen Sie als Frau von Anfang an, diesen Eindruck gar nicht erst aufkommen zu lassen! Treten Sie selbstbewusst und distanziert auf, auch wenn Sie gelegentlich die gewohnte Freiheit aufgeben müssen. Die Tradition gebietet es, Frauen zu schätzen und zu ehren. Sollte es an Respekt einer europäischen Frau gegenüber mangeln, können folgende Wendungen vielleicht helfen, dass sich die arabischen Männer auf ihre Normen besinnen. Wirklich bedrohliche Situationen gibt es sehr viel seltener als bei uns.

لو سمحت, أتركني!
lau samahta, utruknî!
falls du(m)-erlaubst, lass-mich
Erlauben Sie, lassen Sie mich in Ruhe!

إستحِ	عيب!	روح!
istihi!	***aib!**	**rûh!**
Schäm dich!	Schande!	Hau ab!

Begrüßen & Verabschieden

Die arabische Sprache ist unendlich reich an Begrüßungsformeln. Viele davon sind an bestimmte Situationen oder auch Personengruppen gerichtet. Ein Moslem grüßt einen Moslem anders, als ein Christ seinen Glaubensgenossen grüßt. Hier können nicht mehr als die allgemeinen Grüßen des Hocharabischen vorgestellt werden. Fragen Sie in der Region, die Sie bereisen, nach, wie der übliche Gruß lautet, und Sie werden warmherzig aufgenommen.

Jeder Gruß erfordert einen feststehenden Gegengruß als Antwort. Werden Sie – was leicht passieren kann – mit einem Gruß angesprochen, den Sie nicht kennen, erwidern Sie am besten shukran! (danke!), und fragen Sie interessiert nach, was man darauf im Allgemeinen antwortet. Ihr Interesse wird mit freundlicher Auskunft belohnt werden.

Im Hocharabischen gibt es jeweils für die Morgenstunden (bis etwa zwölf Uhr mittags) und für die Nachmittags- und Abendstunden einen Gruß.

Mit einem Smartphone können Sie sich die mit einem 𝄐 gekennzeichneten Sätze dieses Kapitels anhören. Scannen Sie einfach den QR-Code mit Hilfe einer kostenlosen App (z. B. „Barcoo" oder „Scanlife").

Morgens lauten Gruß und Gegengruß:

صباح الخير	صباح النور
sabâh al-chair	**sabâh an-nûr**
Morgen der-Güte	*Morgen des-Lichtes*
Einen guten Morgen!	Einen schönen Morgen!

Nachmittags und abends lauten Gruß und Antwort:

مساء الخير

masâ' al-chair

Abend der-Güte

Einen guten Tag!

مساء النور

masâ' an-nûr

Abend des-Lichts

Einen schönen Abend!

Unter guten Bekannten ist es üblich geworden, sich die Hände zu schütteln. Aber man benutze stets die rechte Hand, die linke gilt als „unrein“!

In der Regel beginnt nun eine lange Zeremonie, in der man sich nach der hâl, der „Lage“, erkundigt. Dabei geht es um die persönliche Verfassung, die Stimmung und die Neuigkeiten auch der Familie. Dies ist eine unerlässliche Einleitung des Gespräches. Gute Freunde des gleichen Geschlechtes begrüßen sich mit Umarmungen und angedeuteten Wangenküssen.

كيف حالكَ؟

kaifa hâluka?

wie Lage-deine(m)

Wie geht's dir?

(zum Mann)

كيف حالكِ؟

kaifa hâluki?

wie Lage-deine(w)

Wie geht's dir?

(zur Frau)

Die Antworten auf die Frage nach dem Befinden lauten:

بخير, الحمد لله

bi-chair, al-hamdullah.

mit-Güte, der-Dank-Gottes

Gut! Gott sei Dank!

جيّد / جيّدة, الحمد لله

djaiyid, al-hamdulillâh! *(sagt der Mann)*

djaiyida, al-hamdulillâh! *(sagt die Frau)*

gut(m/w), der-Dank-Gottes

Gut! Gott sei Dank!

... oder einfach nur: al-hamdulillâh!

Der „Dank Gottes“ ist wichtig und wird oft vom Fragenden nochmals wiederholt, nachdem er eine gute Antwort gehört hat. Selbst wenn man „kleine Probleme“ hat, antwortet man mit „gut“. Nur wenn es einem wirklich sehr schlecht geht, sagt man:

نــحــمــد لله
nah̲madu allâh!
wir-danken Gott
Es geht!

هــو يُحــتــمل
huwa yuh̲tamal!
er er-wird-ausgehalten
Es ist auszuhalten! *(deutlicher)*

Der Fragende wird sich dann sofort nach dem Grund der Verstimmung erkundigen.

يــوجــد شـــيء ؟
yûdj̲ad shai’?
gibt-es Sache
Gibt es etwas?

مــا شـــأنكَ / شـــأنكِ ؟
mâ sha’nuka / sha’nuki?
was Angelegenheit-dein(m/w)
Was ist los mit dir?

أنتَ مبسوط ؟
anta mabsûṯ?
du(m) zufrieden
Bist du zufrieden? *(zum Mann)*

أنتِ مبسوطة ؟
anti mabsûṯa?
du(w) zufrieden(w)
Bist du zufrieden? *(zur Frau)*

اهلاً و سهلاً بك / بكم
ahlân wa sahlân bika / biki / bikum!
herzlich willkommen mit-dir(m/w) / mit-euch(Mz)
Fühl dich / fühlt euch herzlich willkommen!

Betritt man eine Wohnung oder ein Geschäft, so hört man diese Wendung oft mehrmals hintereinander.

Antworten muss man dann höflicherweise:

اهلاً بكم
ahlan bikum.
(etwa:) Ich fühle mich willkommen.

Es gibt noch einen kürzeren Willkommensgruß, der in vielen Gegenden zur allgemeinen Begrüßung geworden ist:

مرحبا
marhaban!
willkommen
Willkommen!

مرحبتان
marhabtân.
willkommen-zwei
Ich fühle mich willkommen. *(Antwort)*

السلام عليكم
as-salâm *alaikum!
der-Segen über-euch
Segen sei mir dir/euch!
(unter Moslems üblicher Gruß)

وعليكم السلام
wa *alaikum as-salâm!
und über-euch der Segen
Und über dir/euch der Segen. *(Antwort)*

Zur Verabschiedung sagt man:

مع السلامة
ma*a as-salâma!
mit der-Segen
Mit Wohlergehen!

إلى اللقاء
ilâ al-liqâ'!
zu das-Wiedersehen
Auf Wiedersehen!

Namen

In fast allen arabischen Ländern wurde im Rahmen der Kolonialisierung das europäische Namenssystem eingeführt. Das heißt, dass heute jeder in seinen Papieren einen Vornamen (ism) und einen Familiennamen (ism al-*â'ila oder: kuniya) stehen hat. In Ländern, die vom Kolonialismus verschont blieben, wie z. B. Saudi-Arabien, hat sich das arabische Namenssystem erhalten: Jemand wird mit seinem Vornamen angeredet, es folgt die Angabe „Sohn (ibn) des XY", der wiederum „Sohn des YZ" ist usw. So heißt der König von Saudi-Arabien Fahd ibn *Abd-al-Azîz ibn Sa*ûd.

Im Alltagsleben spielt jedoch nur der Vorname eine Rolle. Diese beginnen häufig mit *Abd (Diener, Sklave), danach folgt eine Bezeichnung Gottes, z. B.:

***Abdallâh** (*Abd-Allâh)	Diener Gottes
***Abd-ar-Rahmân**	Diener des Barmherzigen
***Abd-al-*Azîz**	Diener des Mächtigen

Die häufigsten Namen leiten sich von den drei Mitlauten h-m-d ab, die für die Wortfamilie „preisen, ehren" stehen: Ahmad, Mahmûd. Grund: Auch der Prophet trug einen Namen aus dieser Wortfamilie, nämlich Muhammad, der Gepriesene.

Für Frauen werden häufig Namen aus der Umgebung des Propheten gewählt, z. B. der Name der Lieblingstochter: Fâtima.

Anrede

Wo man im Deutschen „mein Herr“ oder „meine Dame“ oder einfach „Hallo“ sagt, werden im Arabischen Anreden benutzt, die sich genauer auf die Person, seine Stellung oder seinen Beruf beziehen. Die richtige Anrede zu benutzen, ist natürlich Teil der Höflichkeit. Vor der Anrede steht der Ausruf ya …! (etwa „o …!“).

Jeder junge Mann kann (auch von einer Frau) folgendermaßen angeredet werden:

ya achî	*o Bruder-mein*	o mein Bruder

Freundschaftlich, auch ironisch, hört man auch (aber nur von Männern an Männer):

ya habîbî	*o Lieber-mein*	o mein Lieber
ya *azîzî	*o Lieber-mein*	o mein Lieber

Wenn der/die Angesprochene älter als man selber ist, empfiehlt sich:

ya saiyidî	*o Herr-mein*	o mein Herr

Entsprechend gilt für Frauen die Anrede:

ya uchtî *o Schwester-meine*	o meine Schwester
ya saiyidatî *o Frau-mein*	o meine Dame

ya <u>h</u>ad̲jd̲jî	(o Pilger-mein) für alte, ehrwürdige Männer
ya <u>h</u>ad̲jd̲ja	(o Pilgerin) für alte, ehrwürdige Frauen
ya ustâth	(o Professor) für ehrwürdige, europäisch gekleidete Männer
ya mu*allim	(o Meister) für Handwerker
ya garsûn	(o Garçon (franz.)) für einen Ober im Restaurant
ya d̲jamâ*a	(o Leute) für eine Gruppe von Personen

weitere übliche Anreden

Natürlich werden Personen auch mit ihrem Vornamen angeredet, z. B. ya A<u>h</u>mad. Im Allgemeinen wird auch jeder mit „du" angeredet. Nur wichtige Respektspersonen wie Professoren oder hohe Beamte werden mit ihrem Nachnamen und ihrem Titel, dann meist mit ha<u>d</u>aratukum (wörtlich: „ihre (Mz) Anwesenheit") angeredet. Dann wählt man bei Anreden auch die Beugungsform der 2. Person Mehrzahl „ihr".

Im Arabischen ist für das Alltagsleben nur der Vorname von Bedeutung.

Hat jemand einen Sohn, wird er oder sie aus Höflichkeit immer „Vater des ..." oder „Mutter des ..." genannt, also z. B. Abû Hassan, Umm Hassan. Hier wird immer der Name des ältesten Sohnes, selten der einer Tochter eingesetzt.

Manchmal hört man auch, dass jemand von sich in der „wir"-Form redet. Das ist keine Überheblichkeit, sondern eine alte Form der Bescheidenheit.

يا حضرتكم الأستاذ لبيب, كيف حالكم؟

👂 **ya hadaratkum al-ustâth Labîb, kaifa halukum?**

o Anwesenheit-Eure der-Professor Labîb, wie Lage-Eure(Mz)

Herr Professor Labîb, wie geht es Ihnen?

نحن كنّا سنة في الجامعة

👂 **nahnu kunna sana fîl-djamî*a.**

wir waren-wir Jahr in-die-Universität

Ich war ein Jahr an der Universität.

Bitten, Danken, Wünschen

Mit einem Smartphone können Sie sich die mit einem 👂 gekennzeichneten Sätze dieses Kapitels anhören.

Für „Bitte!“ als Aufforderung („Bitte, tun Sie ...!“) sagt man:

مـــن فضـــلكَ / فضـــــــلكِ

👂 **min fadluka / fadluki!**

von Freundlichkeit-dein(m/w)

Bitte!

هات الشنطة من فضلك

👂 **hât ash-shanta min fadluka!**

gib die Tasche von Freundlichkeit-dein(m)

Geben Sie mir bitte die Tasche!

ثلاثة شاي من فضلك

👂 **thalâtha shâi min fadluka!**

drei Tee von Freundlichkeit-dein(m)

Drei Tee, bitte!

Für „Bitte!“ als Gewährung („bitte, nehmen Sie ...“) sagt man:

تفضّل / تفضّلي / تفضّلوا
tafaddal / tafaddalî / tafaddalû!
bitte(m/w/Mz)
Bitte!

تفضّلوا, الشاي
tafaddalû ash-shâi!
bitte(Mz) der-Tee
Bitte, der Tee!

Wollen Sie, dass jemand Ihnen einen Gefallen tut, etwas gibt, den Weg erklärt oder Platz machen soll usw., sagen Sie am besten:

لو سمحتَ / لو سمحتِ / لو سمحتوا
lau samahta / samahti / samahtum ...
würden erlauben-du(m/w/Mz) ...
Wenn Sie erlauben ...

„Danke!“ noch höflicher ausgedrückt:

شكراً جزيلاً
shukran djazîlan!
Danke reichlich
Vielen Dank!

شكراً للشاي
shukran lish-shâi!
danke für-der-Tee
Danke für den Tee!

الف شكر
alf shukr!
tausend Dank
Tausend Dank!

عفواً
***afwan!**
Entschuldigung
Bitte!

Die Antwort auf shukran *(danke) lautet* *afwan *(bitte), was wörtlich eigentlich „Entschuldigung“ heißt.*

Das erste Gespräch

Ein erstes Gespräch könnten Sie vor einem der berühmtesten Museen der arabischen Welt, dem Ägyptischen Museum in Kairo, oder vor den Nationalmuseen von Damaskus oder Bagdad führen. Ein Tee- oder Kaffeehaus ist nie weit. Enthalten sind darin die üblichen Begrüßungen, Antworten und Floskeln.

صباح الخير

Tourist: **sabâh al-chair!**
Morgen der-Güte
Guten Morgen!

صباح النور, كيف حالك؟

Einheimischer (vor dem Museum): **sabâh an-nûr. kaifa hâluka / hâluki?**
Morgen des-Lichts. wie Lage-dein(m/w)
Einen schönen Morgen. Wie geht es dir?

بخير, الحمد لله

bi-chair, al-hamdulillâh!
mit-Güte, der-Dank-Gottes
Gut, Gott sei Dank!

الحمد لله, تفضّل / تفضّلي, إشرب / إشربي شاي معي !

al-hamdulillâh, tafaddal / tafaddlî, ishrab / ishrabî shâi ma*î!
der-Dank-Gottes, bitte(m/w), trink(m/w) Tee mit-mir
Gott sei Dank, bitte, trink doch einen Tee mit mir!

شكراً, لماذا لا ؟ أنا فاضٍ / فاضية

shukran, limâthâ lâ? anâ fâdiy / fâdiya.

danke, warum nicht? ich bin frei(m/w)

Danke, warum nicht, ich habe nichts vor.

من أين أنت ؟

min-aina anta / anti?

von-wo du(m/w)

Woher bist du?

أنا من ألمانيا

anâ min Almâniyâ.

ich von Deutschland

Ich bin aus Deutschland.

أنا الماني / المانيّة

anâ almânî / almânîya.

ich Deutscher / Deutsche

Ich bin Deutscher / Deutsche.

Almâniyâ
Deutschland
almânî / almânîya / almân (m/w/Mz)
Deutsche(r)
Nimsâ
Österreich
nimsâwî / nimsâwîya/nimsâwîyûn (m/w/Mz)
Österreicher(in)
Swîsrâ
Schweiz
swîsrî / swîsrîya / swîsrîyûn (m/w/Mz)
Schweizer(in)

أنت سائح / سائحة ؟
anta / anti sâ'ih / sâ'iha?
du(m/w) Tourist / Touristin
Bist du Tourist/in?

نعم, أنا سائح / سا ئحة
na*am, anâ sâ'ih / sâ'iha.
ja, ich Tourist / Touristin
Ja, ich bin Tourist/in.

ماذا تشتغل / تشتغلين ؟
mâthâ tashtaghilu / tashtaghilîna?
was du(m/w)-arbeitest
Welchen Beruf hast du?

Ich bin ... / Wir sind ...	**anâ ...** *(ich ...)* **/ nahnu ...** *(wir ...)*
Arbeiter/in	***âmil / *âmila / *ummâl** (m/w/Mz)
Arzt, Ärztin	**tabîb / tabîba / atibbâ'** (m/w/Mz)
Beamte/r, Angestellte/r	**muwazzaf / muwazzafa / -ûn** (m/w/Mz)
Experte (-in)	**chabîr / chabîra / chubarâ'** (m/w/Mz)
Handwerker	**hirafî / hirafîya / -yûn** (m/w/Mz)
Journalist/in	**suhufî / suhufîya /-yûn** (m/w/Mz)
Student/in	**tâlib / tâliba / tullâb** (m/w/Mz)
Techniker/in	**muhandis / muhandisa / -ûn** (m/w/Mz)
Tourist/in	**sâ'ih / sâ'iha / suwâh** (m/w/Mz)

أحببتَ الأثار في المتحف ؟
ahbabta / ahbabti al-athâr fîl-mathaf?
mochtest-du(m/w) die-Altertümer(Mz) in-das-Museum
Haben dir die Altertümer im Museum gefallen?

نعم, أحببتُها كثيراً
na*am, ahbabtuhâ kathîran.
ja, mochte-ich-sie viel-OBJ
Ja, sie haben mir sehr gefallen.

رأيت رأس الملك الصغير المشهور ؟
ra'aita / ra'aiti ra's al-malik as-saghîr al-mash'hûr?
sahst-du(m/w) Kopf der-König der-kleine der-berühmte
Hast du den berühmten kleinen Königskopf gesehen?

نعم, هو كان أجمل شيء في المتحف
na*am, huwa kâna adjmal shai' fîl-mathaf.
ja, er war schöner Sache in-das-Museum
Ja, er war das schönste im Museum.

لكن للأسف, ما عندي وقت كثير
lâkin lil-asaf, mâ *indî waqt kathîr.
aber zu-das-Bedauern, nicht bei-mir Zeit viel
Aber leider habe ich nicht viel Zeit.

مثلما تريد / تردين
mithlamâ turîdu / turîdîna.
wie du-willst(m/w)
Ganz wie du willst.

إلى اللقاء
ilâ al-liqâ'!
zu das-Wiedersehen
Auf Wiedersehen!

مع السلامة
ma*a as-salâma!
mit der-Segen
Auf Wiedersehen!

Sicherlich werden Sie auch nach Ihrem Namen und Ihrem Familienstand gefragt werden. Das ist allgemein üblich und Teil der Höflichkeit.

ما اسمك ؟
mâ ismuka / ismuki?
was Name-dein(m/w)
Wie heißt du?

اسمي...
ismî ...
Name-mein ...
Ich heiße ...

ما عمرك ؟
mâ *umruka / *umruki?
was Alter-dein(m/w)
Wie alt bist du?

عمري... سنة
***umrî ... sana.**
Alter-mein ... Jahr
Ich bin ... Jahre alt.

Die Zahlen stehen im Kapitel „Zahlen & Zählen“.

أنت متزوّج / متزوّجة ؟
anta / anti mutazauwidj / -a.
du(m/w) verheiratet(m/w)
Bist du verheiratet?

نعم, أنا متزوّج / متزوّجة
na*am, anâ mutazauwidj / -a.
ja, ich verheiratet(m/w)
Ja, ich bin verheiratet.

أين زوجتكَ / زوجكِ ؟
aina zaudjatuka / zaudjuki?
wo Frau-dein(m) / Mann-dein(w)
Wo ist deine Frau / dein Mann?

هي / هو في بيتنا
hiya / huwa fî baitunâ.
sie / er in Haus-unser
Sie / Er ist zu Hause.

عندكَ / عندكِ أولاد ؟
***indaka / *indaki aulâd?**
bei-dir(m/w) Kinder
Hast du Kinder?

عندي ولد
***indî walad.**
bei-mir Sohn
Ich habe 1 Sohn.

عندكَ / عندكِ صورة ؟
***indaka / *indaki ṣûra?**
bei-dir(m/w) Foto
Hast du ein Foto?

نعم, لكن هي في الفندق
na*am, lâkin hiya fîl-funduq.
ja, aber sie in-das-Hotel
Ja, aber es ist im Hotel.

أعجبتكَ / أعجبتكِ البلاد ؟
a*djabatka /a*djabatki al-bilâd?
es-gefällt-dir(m/w) das-Land
Gefällt es dir im Land?

نعم, جدّاً
na*am, djiddan!
ja, sehr
Ja, sehr!

sich bekannt machen

أريد أن أتعرّف بكَ / بكِ
urîdu an ata*arrafu bika / biki.
ich-möchte dass ich-kennenlernen mit-dir(m/w)
Ich möchte dich kennen lernen.

ممكن أقدّم لكم السيّد / السيّدة... ؟
mumkin uqaddimu lakum as-saiyid / as-saiyida ...?
möglich ich-vorstelle für-Euch der Herr / die Frau ...
Kann ich Ihnen Herrn / Frau ... vorstellen?

Floskeln & Redewendungen

Die häufigsten Wendungen lassen sich meistens nie wörtlich in eine andere Sprache übertragen – hier ist eine kleine Sammlung der wichtigsten Floskeln für verschiedene Situationen.

sich entschuldigen

عفواً
***afwan!**
Entschuldigung
Entschuldigung!

أنا آسف / آسفة
anâ âsif / âsifa.
ich bedauernd(m/w)
Das tut mir Leid.

للأسف
lil-asaf!
für-das-Bedauern
Leider!

لا تؤاخذني
lâ tu'âchithnî.
nicht du(m)-übelnehmen-mir
Seien Sie mir nicht böse.

zustimmen / ablehnen

معكَ / معكِ الحقّ
ma*aka / ma*aki al-haqq!
mit-dir(m/w) das-Recht
Du hast Recht!

أنا موافق / موافقة
anâ muwâfiq / muwâfiqa!
ich zustimmend(m/w)
Ich bin einverstanden!

أنا معكَ / معكِ
anâ ma*ak / ma*aki!
ich mit-dir(m) / mit-dir(w)
Ich bin deiner Meinung!

أنا من رأي أن...
anâ min ra'î an ...
ich von Meinung dass ...
Ich bin der Meinung, dass ...

Wenn man ablehnen will, braucht man diese Sätze einfach nur mit lastu *(„ich bin nicht") verneinen. In diesem Fall muss aber die Objekt-Endung* -an *(vgl. Kap. „Wem? oder Wen?") beachtet werden!*

überrascht sein

هذا عجيب
hâthâ *adjîb.
dieses merkwürdig
Das ist ja komisch.

أنا مرعوب / مرعوبة
anâ mar*ûb / mar*ûba.
ich erschrocken(m/w)
Ich bin erschrocken (überrascht).

sich unwohl fühlen

لستُ مبسوطاً / مبسوطة
lastu mabsûṯan / mabsûṯatan.
ich-bin-nicht gesund(m/w)-OBJ
Mir ist nicht gut.

أنا مريض / مريضة
anâ marîḏ / marîḏa.
ich krank(m/w)
Ich bin krank.

Unterwegs

In fast allen Ländern wird der Straßenverkehr über die Benzinpreise subventioniert und ist deshalb vergleichsweise billig.

Wer die arabischen Länder mit der Eisenbahn bereisen will, wird schwere Enttäuschungen erleben. Die Eisenbahn ist in kaum einem arabischen Land ein Hauptverkehrsmittel. Öffentlicher Nah- und Fernverkehr wird in meist dichten Netzen von Bus- und Taxilinien bewältigt. Die Weiten der Wüste sind sowieso nur mit einem Jeep, noch besser auf dem Rücken eines Kamels zu durchreisen.

zu Fuß

Mit einem Smartphone können Sie sich die mit einem 𝄢 gekennzeichneten Sätze dieses Kapitels anhören.

Stadtpläne und Landkarten sind nur für denjenigen eine Orientierungshilfe, der gelernt hat, seine Umwelt zweidimensional zu sehen. Die in Karten eingetragen Namen für Straßen oder Plätze entstammen oft der Phantasie höherer Beamter und sind nur diesen bekannt.

أين مركز المدينة ؟
aina markaz al-madîna?
wo Zentrum der-Stadt
Wo ist das (Orts- oder) Stadtzentrum?

إذهب / إذهبي من هنا على طول
ithhab / ithhabî min hunâ *alâ ṯûl.
geh(m/w) von hier auf Länge
Geh immer geradeaus, hier entlang!

هناك على اليمين يوجد جامع
hunâka *alâ al-yamîn yûdjad djâmi*.
dort auf die-rechte es-gibt Moschee
Dort auf der rechten Seite ist eine Moschee.

كيف أذهب إلى المتحف الوطني ؟
kaifa athhabu ilâ al-mathaf al-watanî?
wie ich-gehe zu das-Museum das-nationale
Wie komme ich zum Nationalmuseum?

***alâ tûl, ilâ al-amâm**	geradeaus
auf Länge, zu das-vorne	
yamîn	rechts
yasâr	links
ilâ al-chalf	zurück
zu das-hinter	
gharb	Westen
sharq	Osten
djunûb	Süden
shamâl	Norden

Orientieren Sie sich am besten an wichtigen Gebäuden, einem Hotel oder Markt, die oft einem ganzen Viertel den Namen geben.

mit dem Taxi

Taxifahren innerhalb der Städte hält die unterschiedlichsten Überraschungen bereit. Im Allgemeinen sind die Preise zwar durch strenge Gesetze geregelt; in wenigen, berüchtigten Städten (wie z. B. Kairo) hat aber niemand ein Interesse daran, dass diese Gesetze eingehalten werden, niemand – außer Ihnen. Hier gilt es, den Fahrpreis vor Beginn der Fahrt auszuhandeln. Oder Sie sind so keck wie die Ein-

Zur Nachtzeit oder auf schwierigen und langen Strecken lehnen es Taxifahrer ab, nach Taxameter zu fahren. Einigen Sie sich in diesem Fall vorher auf einen Preis.

heimischen, die am Ende einen Betrag, den diese – und nicht der Taxifahrer – für angemessen halten, auf die Ablage klatschen. In der Regel trifft man auf funktionstüchtige Taxameter. Achten Sie nur darauf, dass sie auch angestellt werden. Natürlich sind darüber hinaus kleine Trinkgelder gerne gesehen.

Niemand kann Sie davor bewahren, ein wenig Lehrgeld zu zahlen. Manchmal versuchen es die Fahrer eben, von dem so „reichen", unerfahrenen Europäer mehr zu verlangen. Ein bestimmtes lâ! „Nein!" von Ihrer Seite lässt diesen Versuch jedoch oft schon scheitern. Eine Taxi-Lizens ist zu lukrativ, als dass sie riskiert wird.

أوصلنا إلى مكتب البريد, من فضلك

ausilna ilâ maktab al-barîd, min fadluka!
bringe(m)-uns zu Büro der-Post, von Freundlichkeit-dein(m)
Bringen Sie uns bitte zur Post!

لكن, أدرْ العدّاد

lâkin, adir al-*addâd!
aber, lass(m)-arbeiten der-Taxameter
Aber stellen Sie das Taxameter an!

Man sollte zumindest den Namen des Stadtviertels, in das man fahren will, oder/und ein bekanntes Gebäude in der Nähe seines Zieles kennen. Wenn man sich ein bisschen besser auskennt, ist es hilfreich, dem Taxifahrer den richtigen Weg zu zeigen.

الآن انهرفْ إلى اليمين
al-ân inharaf ilâ al-yamîn!
jetzt wende(m) zu die-Rechte
Jetzt nach rechts abbiegen!

...اليسار
... al-yasâr!
... die-Linke
... nach links!

إلى الأمام
ilâ al-amâm
Geradeaus!

قفْ هنا
qif hunâ!
Halte hier!

Eine wirklich ökonomische und bequeme Erfindung ist das Sammeltaxi (tâksi rukkâb). Ein großräumiger PKW befährt eine feste Linie zwischen Städten oder auch innerhalb einer Stadt. Er fährt ab, wenn er voll ist, die Passagiere steigen auf der Linie aus oder zu. Solche „Schicksalsgemeinschaften" auf längeren Strecken sind *die* Gelegenheit, um die Sprache zu lernen.

mit dem Bus

Um von einem Ort zum anderen zu kommen, bieten sich gleich mehrere Möglichkeiten an. In vielen Ländern stellt eine staatliche Busgesellschaft komfortable Busse (bâs, Mz bâsât) zwischen den größeren Städten bereit. Dieses Angebot wird durch private Konkurrenz mit unterschiedlichen Komfortklassen ergänzt. Kleinere Busse nehmen auf freier Strecke Passagiere zu und halten auf Verlangen. Sie sind dann zwar erheblich langsamer, aber auch billiger.

mahatta	Bahnhof, Haltestelle
bâs, bâsât	Bus
qarya (w), **qurâ**	Dorf
sâ'iq, -ûn	Fahrer
tathkara (w), **tathâkir**	Fahrkarte
udjra (w)	Fahrpreis
daradja (w)	Klasse (im Zug)
shanta (w), **shunat**	Tasche
amti*a (Mz)	Gepäck

يذهب هذا الباص إلى مصر ؟
yadhhabu hâthâ al-bâs ilâ Misr?
er-fährt dieser der-Bus nach Ägypten
Fährt dieser Bus nach Ägypten?

ألى أين تريد / تريدين ؟
ilâ aina turîdu / turîdîna?
nach-wo du(m/w)-willst
Wohin willst du?

إلى جدّة / صنعاء / الكويت
ilâ Djidda / Sana*a / al-Kuwait!
nach Dschidda / Sana'a / Kuwait
Nach Dschidda / Sana'a / Kuwait!

إركب / إركبي
irkab / irkabî!
aufsteig(m/w)
Steig ein!

بكم الأجرة إلى دمشق ؟
bi-kam al-udjra ilâ Dimashq?
mit-wieviel der-Fahrpreis nach Damaskus
Wie viel kostet es bis Damaskus?

أين موقف الباصات ؟
aina mauqif al-bâsât?
wo Haltestelle der-Busse
Wo ist die Bushaltestelle?

أين نحن هنا ؟
aina nahnu hunâ?
wo wir hier
Wo sind wir hier?

كم وقت لزمنا إلى عمّان ؟
kam waqt lazimnâ ilâ *Ammân?
wieviel Zeit notwendig-uns nach Amman
Wie lange dauert es bis Amman?

mit dem Auto

أين هنا محطة بنزين ؟
aina hunâ mahattat benzîn?
wo hier Station Benzin
Wo gibt es hier eine Tankstelle?

عبّئ الخزّان إلى الآخر !
***abbi' al-chazzân ilâ al-âchir!**
fülle(m) der-Tank zu das-Ende
Mach den Tank ganz voll!

سيارتي معطلة
saiyâratî mu*attala.
Auto-mein kaputt
Mein Auto ist kaputt.

عندي دولاب منثقب
***indî dûlâb munthaqab.**
bei-mir Reifen(Ez) durchlöchert
Ich habe eine Reifenpanne.

Sind Sie mit dem Auto unterwegs, seien Sie doppelt so vorsichtig wie sonst, auch wenn das Verhalten der Einheimischen im Straßenverkehr noch so herausfordernd ist. Halten Sie sich zurück und versuchen Sie, jegliche Unfälle zu vermeiden!

توجد مشكلة بكهربة السيارة

tûdjad mushkila bi kahrabat as-saiyâra.

es-gibt Problem mit Elektrik des-Autos

Mit der Elektrik stimmt etwas nicht.

الفرملة لا تشتغل

al-farmala lâ tashtaghilu!

die-Bremsen nicht sie-arbeiten

Die Bremsen funktionieren nicht!

ممكن تصلح السيارة ؟

mumkin tusallih as-saiyâra?

möglich du(m)-reparierst das-Auto

Können Sie das Auto reparieren?

فقدنا الطريق

faqadnâ at-tarîq.

verloren-wir der-Weg

Wir haben den Weg verloren.

الطريق صعب للسيارة ؟

at-tarîq sa*ab lis-saiyâra?

der-Weg schwer für-das-Auto

Ist der Weg schwer befahrbar?

Manche technischen Vokabeln sind in ihrer rein arabischen Form oft nur gelehrten Mechanikern bekannt. Es kann viel weiter führen, das französische oder englische Wort parat zu haben. So ist „Kupplung" in alten englischen Kolonien unter klatsh (engl. clutch) in Ländern unter ehemals französischem Ein-

fluss als dubriyâdj (frz. débrayage) bekannt.
„Gang/Getriebe" heißt dementsprechend gîr
(engl. gear) oder fites (frz. vitesse).

ḥudûd	Grenze
machraj	Ausfahrt/-gang
madchal	Einfahrt/-gang
djisr, djusûr	Brücke
ḥâdiṯh	Unfall
ta'mîn	Versicherung
maṭar, amṯâr	Regen
rîḥ	Wind
dûlâb, dawâlîb	Reifen
motôr; auch: muḥarrik	Motor
mâsûra (w); auch: ishtmân	Auspuff
farmala (w), farâmil	Bremse
ḥaraqa (w)	Gang/Getriebe
mubarrid	Kühler
ta*shîqa (w)	Kupplung
sham*a iḥtirâq; auch: bûdjî	Zündkerze
miftaḥ shaqq *Schlüssel Spalte*	Schraubenschlüssel
mumtâz	Superbenzin
benzîn (*âdi)	Normalbenzin
mazût	Diesel
zait	Öl
bi-hudu'; *alâ mahl *mit-Langsamkeit; über Gemächlichkeit*	langsam
bi-sur*a *mit-Schnelligkeit*	schnell

Übernachten

Mit einem Smartphone können Sie sich die mit einem gekennzeichneten Sätze dieses Kapitels anhören.

Vermeiden Sie, wild zu campen, manchmal hat das Militär „undurchsichtige“ Einwände. Fragen sie irgendjemanden, am besten den Grundbesitzer oder die Polizei.

عفواً, هل هذا الفندق أولد كتركت ؟

***afwan, hal hâthâ al-funduq „Old Katerakt“?**

Entschuldigung, FRA dies das-Hotel „Old Kat.“

Entschuldigung, ist dies das Hotel „Old Katerakt“?

عندكم غرفة بسرير / سريرين فاضية ؟

***indakum ghurfa bi sarîr / sarîrân fâdiya?**

bei-Euch(m) Zimmer mit Bett / Betten-zwei frei

Haben Sie ein Einzel- / Doppelzimmer frei?

لِيوم / يومين / أسبوع ؟

... li yaum / yaumân / usbû*?

... für Tag / Tag-zwei / Woche

... für einen Tag / zwei Tage / eine Woche?

بفطور / حمّام ؟

... bi futûr / hammâm?

... mit Frühstück / Bad

... mit Frühstück / Bad?

ممكن نتفرّج الغرفة

mumkin natafarradju al-ghurfa?

möglich wir-betrachten das-Zimmer

Können wir das Zimmer sehen?

يوجد ماء ساخن ؟

yûd̲jad mâ' sâchin?

es-gibt Wasser warm

Gibt es warmes Wasser?

بكم الغرفة ؟

bi-kam al-ghurfa?

mit-wieviel das-Zimmer

Wie viel kostet das Zimmer?

lâ yûd̲jad …	Es fehlt … *nicht es-gibt …*	**aina …?**	Wo ist …? *wo …*
h̲ammâm	Bad	**maṯbach**	Küche
sarîr, asirra	Bett, Betten	**sharshaf**	Laken (Ez)
ṯuwalît	Toilette	**sharâshif**	Laken (Mz)
dûsh	Dusche	**kursî**	Stuhl
h̲ârr	heiß	**karâsî**	Stühle
fâḏiy	frei	**ṯâwila** (w)	Tisch
funduq	Hotel	**ghurfa** (w)	Zimmer (Ez)
bârid	kalt	**ghuraf** (w)	Zimmer (Mz)
michadda (w)	Kissen		

ممكن نخيّم هنا ؟

mumkin nuchayyimu hunâ?

möglich wir-zelten hier

Können wir hier zelten?

chaima (w), **chiyam**	Zelt
chayyama, yuchayyimu	zelten
muchaiyam siyâhî *Zeltlager touristisch*	Zeltplatz

Essen & Trinken

Mit einem Smartphone können Sie sich die mit einem ◊ gekennzeichneten Sätze dieses Kapitels anhören.

Es gibt ebensowenig eine einheitliche arabische Küche wie eine einheitliche arabische Kultur. Jedes Land hat seine eigene Traditionen. Die Ägypter essen mit Verzückung ihr fûl (eine etwas gewöhnungsbedürftige Suppe aus dicken Saubohnen), im Maghreb wird für ein kuskus (gekochtes Fleisch auf Weizengrieß) alles stehen gelassen, und der Syrer reist für eine gute ṯabbûla (einem Petersiliensalat) meilenweit.

أنا جوعان / جوعانة

anâ djau*ân / djau*âna.

ich hungrig(m/w)

Ich bin hungrig.

يوجد مطعم قريب من هنا ؟

◊ yûdjad maṯ*am qarîb min hunâ?

gibt-es Restaurant nahe von hier

Gibt es hier in der Nähe ein Restaurant?

المطعم مفتوح / مغلق !

◊ al-maṯ*am maftûḫ / mughlaq!

das-Restaurant offen / geschlossen

Das Restaurant ist geöffnet / geschlossen!

يوجد فتّة هنا ؟

yûdjad fatta hunâ?

gibt-es Fatta hier

Gibt es hier Fatta? (s. typische Gerichte)

Jede Küche lohnt, probiert zu werden, doch unter den verschiedenen Traditionen genießt die libanesische einen besonderen Ruf.

أريد فلافل و حمّص
urîdu falâfil wa hummus.
ich-will Felafel und Hummus
Ich möchte Felafel und Hummus.

توجد قائمة الطعام (بالأنكليزي) ؟
tûdjad qâ'imat at-ta*âm (bil-inglîzî)?
gibt-es Liste(w) der-Speisen (mit-das-Englisch)
Gibt es eine Speisekarte (auf Englisch)?

ماذا عندكم ؟
mâthâ *indakum?
was bei-Euch(m)
Was haben Sie?

عندكم خُضَر ؟
***indakum chudar?**
bei-Euch(m) Gemüse
Haben Sie Gemüse?

بالهناء و الشفاء !
bil-hanâ' wash-shifâ'!
mit-das-Wohlbefinden und-der-Appetit
Guten Appetit!

الحساب من فضلك / فضلكم
al-hisâb min fadluka / fadlukum!
die-Rechnung von Güte-dein(m) / Güte-Eure(m)
Die Rechnung bitte!

Frühstück (futûr)

chubz	Brot	**djibna** (w)	Käse
zibda (w)	Butter	**murabba** (w)	Marmelade
baid (GATT)	Eier	**zaitûn** (GATT)	Oliven

Einige typische und gute Gerichte

fûl	Suppe aus Saubohnen
kuskus	Fleisch auf Weizengrieß
t̲abbûla	Petersiliensalat
h̲ummus̲	Kichererbsenpüree mit Sesamsoße
tah̲ina (w)	Sesamsoße
falâfil	frittierte Kichererbsenklöpse
baba ghanûdj	Auberginenpüree mit Öl und Granatapfel
laban bi chiyâr	ähnlich wie Tzatziki
labna (w)	Quark
muchallal	in Essig eingelegtes Gemüse
mut̲abbal	Auberginenpüree mit Joghurt
kûsa mah̲shî	gefüllte Zucchini
yabra	mit Fleisch gefüllte Weinblätter
yalandjî	mit Tomaten gefüllte Weinblätter
maqlûba	Reis mit Auberginen
fatta	Eintopf mit Kichererbsen und Brot
farrûdj	Brathähnchen
kabâb	Fleischspieße
lah̲m *ijl *Fleisch Kalb*	Rindfleisch
lah̲m ghanam	Hammelfleisch
shaqaf	Frikadellen
shâwirma	Döner-Kebab
shîsh t̲awûk	Hühnchenfleischspieß

Getränke (sharâbât)

shâi	Tee
qahwa ...	Kaffee (türk.)
... saudâ'	ohne Zucker
... wasaṯ	mittelsüß
... ḥuluwa	süß
mâ' fîz-zudjâdja	Mineralwasser
ḥalîb, auch: **laban**	Milch
*aṣîr	Saft
burtuqâl (GATT)	Orange
lîmûn (GATT)	Zitrone
rumân (GATT)	Granatapfel
tamar hindi (GATT)	Tamarinde
Dattel indisch	
lîmûnâda (w)	Limonade
bîra (w)	Bier
nabîth, auch: **chamra** (w)	Wein
*araq („die Träne")	Anisschnaps

ghadâ'	Mittagessen
*âshâ'	Abendessen
milḥ – filfil	Salz – Pfeffer
chall – zait	Essig – Öl
ḥuluw – ḥâmiḍ	süß – sauer
sikkîn, sakâkin	Messer
mil*aqa, malâ*iq	Löffel
shauka (w), **-ât**	Gabel
ṣaḥn, ṣuḥûn	Teller
ka's (w), **ku'ûs**	Glas
djau*ân	hungrig
*atshân	durstig

Obwohl Messer und Gabel gereicht werden, werden die vielen Gerichte auf den kleinen Tellern mit gefalteten Brot zu sich genommen. Im Maghreb und bei den Beduinen ist es üblich, mit den Fingern zu essen. Dann gehört die linke Hand unter den Tisch oder in den Schoß, denn sie gilt als „unrein"!

Zu Gast sein

Bei der Begrüßung sollte man versuchen, eine Rangstufe einzuhalten, die die Ältesten ehrt. „Ladies first" gilt bei der Begrüßung allerdings nicht.

Wenn Sie in ein arabisches Haus eingeladen werden, sollte man die Gelegenheit wahrnehmen, eine fremde Umgebung unvoreingenommen kennen zu lernen. Fühlen Sie sich ganz wie zu Hause, so werden Sie Ihren Gastgebern die meiste Freude bereiten.

Zur Begrüßung reicht man nur den Männern die Hand und dann auch bitte stets die rechte! Teil der Begrüßung sind die Erkundigungen nach dem Befinden. Um nach dem Wohlergehen der Frau zu fragen, wählen viele Araber den Umweg über die Familie" (al-*â'ila).

اهلا و سهلا
ahlan wa sahlan.
Herzlich willkommen.

اهلا بكم
ahlan bikum.
Ich fühle mich willkommen.

كيف حال العائلة ؟
kaifa hâl al-*â'ila?
wie Lage der Familie
Wie geht es der Familie (Frau!)?

تفضّلوا إشربوا شاي
tafaddalû ishrabû shâi.
bitte, trinkt(Mz) Tee
Bitte, nehmen Sie doch Tee.

جلبنا هدية صغيرة للاطفال

djalabnâ hadîya saghîra lil-atfâl.

mitbrachten-wir Geschenk klein für-die-Kinder

Wir haben ein kleines Geschenk für die Kinder mitgebracht.

كم أخوة عندك, أنت ؟

kam ichwa *indaka, anta?

wieviel Brüder bei-dir(m), du(m)

Wie viele Geschwister hast du?

بأذنكم, لازم نذهب

bi-uthnukum, lâzim nathhabu.

mit-Erlaubnis-Eure(m), notwendig wir-gehen

Mit Ihrer Erlaubnis, aber wir müssen gehen.

Sicherlich werden Sie auch den Satz hören: zûrûnâ kull waqt turîdûna. *(besucht(Mz)-uns alles Zeit ihr-wollt)* Besuchen Sie uns jederzeit, wenn Sie wollen.

abû, âbâ'	Vater
umm (w), **ummuhât**	Mutter
ibn, abnâ'	Sohn
bint (w), **banât**	Tochter
ach ichwa	Bruder
ucht (w), **achawât**	Schwester
djadd, adjdâd	Großvater
djadda (w), **-ât**	Großmutter
abawân	Eltern
djâr, djîrân	Nachbar
haiy, ahyâ'	Wohnviertel

Wird man zum Essen eingeladen, so ist ein kleines Geschenk angebracht. Süßigkeiten sind besser geeignet als Alkohol. Beliebte Gesprächsthemen sind die Familie, die Ausbildung und natürlich die Lebensumstände in Europa.

Die Religion

Die beiden größten Gruppen im Islam sind die Sunniten, die in allen arabischen Ländern, außer im Irak, Bahrain und im Libanon, die Mehrheit stellen, und die Schiiten. Die größten christlichen Gruppen gibt es in Ägypten (Kopten genannt), im Libanon (Maroniten) und in Syrien (Orthodoxe und Katholiken).

Die Religion ist in der arabischen Welt ein Lebensbereich, der viel wichtiger ist als bei uns. Viele Menschen bestimmen ihren Platz in der Gesellschaft vor allem durch die Angehörigkeit zu einer religiösen Gruppe. Wer sich selber zu keiner Religion bekennt, läuft Gefahr, „schief“ angeguckt zu werden. Für Atheisten wird wenig Verständnis aufgebracht. Dabei ist der Islam nicht die einzige Religion in der arabischen Welt. Sicher, er ist die Religion, die das Alltagsleben am meisten bestimmt; aber es gibt auch Christen, vereinzelt auch Juden und weitere Religionen, wie z. B. die Mandäer im Irak, zu entdecken. Einzelne Gruppen des Islams und des Christentums haben sich weiter aufgespalten. Der Prophet Muhammad sagte einmal, dass sich seine Gemeinde in 73 Gruppen aufspalten werde, und nur eine davon werde den richtigen Glauben verfolgen. Diese Zahl ist heute bestimmt überschritten.

Jedes Gotteshaus im Orient ist ein Kunstwerk und kann im Allgemeinen besucht werden (einzig in Marokko ist es für Nicht-Moslems verboten, Moscheen zu betreten). Fühlt man sich unsicher, empfiehlt es sich, einen Umstehenden zu fragen. Sicher wird er Sie freundlich hineingeleiten. Beachten Sie bei Moscheebesuchen, die Schuhe auszuziehen, Frauen sollten ihr Haar bedecken.

muslim, -ûn	Moslem
sunnî, -yûn	Sunnit
shi*î, -yûn	Schiit
masîh̲î, -yûn	Christ; christlich (**masîh̲** ist der Messias)
qubt̲î , aqbât̲	Kopte; koptisch
kat̲h̲ulikî, -yûn	Katholik; katholisch
brut̲ast̲ant̲î, -yûn	Protestant; protestantisch
rûmî ortodoks *byzantinisch orthodox*	Griechisch-Orthodoxer; griechisch-orthodox
siriân	syrisch-orthodox
ashûrî, -yûn	assyrischer Christ
marûnî, -yûn	Maronit
durzî, durûz	Druse
yahûdî, yahûd	Jude
qur'ân	Koran
kitâb al-muqaddas *Buch das-heilige*	Bibel
***âlim, *ulamâ'**	islam. Gelehrter
imâm, a'imma	Vorbeter bei den Sunniten
dj̲âmi*, dj̲awâmi*	Moschee
kanîsa (w), **kanâ'is**	Kirche
kanîs	Synagone
chûrî, chawârina	Priester
râhib, rahbân	Mönch
salafî, -yûn	Fundamentalist
dîn, adyân	Religion

Was für Christen der Sonntag ist, ist für die Muslime der Freitag: Dann wird mittags zum großen gemeinsamen Gebet gerufen. Wollen Sie gläubige Muslime besuchen, so vermeiden sie die fünf Gebetszeiten am Tag. Achten Sie in solchen Häusern strikt das Alkoholverbot!

Fragen Sie am besten, ob Sie eine Moschee betreten dürfen.

ممكن ندخل الجامع / الكنيسة ؟
mumkin nadchulu al-djâmi* / al-kanîsa?
möglich wir-eintreten die-Moschee / die-Kirche
Können wir die Moschee / Kirche betreten?

ما شاء الله
mâ shâ'a allâh!
was er-will Gott
Was Gott fügt!

بسم الله الرحمان الرحيم
bismillâh ar-rahmân ar-rahîm!
mit-Name-Gottes
der-barmherzig der-vergebend
Im Namen Gottes!

إنْ شاء الله
inn shâ'a allâh!
sofern er-will Gott
Wenn Gott es so will!

Lassen Sie sich vom Wortlaut dieser Floskel nicht verunsichern, sie wird in einer Bedeutungsskala von „vielleicht" bis „das wird sicher geschehen" gebraucht.

طبعاً, ليس مشكلة, تفضّلوا أدخلوا
tab*an, laisa mushkilatan,
tafaddalû udchulû!
natürlich, er-ist-nicht Problem,
bitte(Mz) eintretet(Mz)
Natürlich, kein Problem,
bitte treten Sie ein!

Einkaufen & Handeln

Einkaufen ist in den arabischen Ländern eine tagesfüllende Angelegenheit und vor einem ein Gesellschaftsspiel. Wie bei jedem Spiel gilt es, ein Ziel zu erreichen, und das bedeutet, die Ware so billig wie möglich zu bekommen. Aber am Ende ist doch wichtiger, ob es Spaß gemacht hat. Kein Argument ist zu originell, den Preis zu heben oder zu drücken.

Suchen Sie zuerst die Ware aus, die Sie wirklich haben wollen, und beginnen Sie dann, nach dem Preis zu fragen. Preisvergleiche sind wirklich eine schwierige Sache, denn das erste Angebot sagt wenig darüber, um wieviel der Preis gedrückt werden kann. Am besten informieren Sie sich bei Freunden oder Bekannten vorher über den „Wert" der Ware. Aber dieser ist eben auch vom Verhandlungsgeschick abhängig. Ein kleiner Rabatt sollte aber immer herauszuhandeln sein.

In den einzelnen Ländern ist die Haltung, die die Händler gegenüber Touristen haben, unterschiedlich. Wo es viele Touristen gibt, die schnell und unvermittelt zugreifen, versuchen die Händler von solcher Kaufhausmentalität zu profitieren. Anderenortes machen sie aber auch keinen Unterschied zwischen Touristen und Nachbarn.

بكم هذا الشيء ؟

bi-kam hâthâ ash-shai'?
mit-wieviel diese die-Sache
Wie teuer ist das?

ماذا تريد / تريدين / تريدون ؟

mâthâ turîdu / turîdîna / turîdûna?
was du(m)-willst / du(w)-willst / ihr(Mz)-wollt
Was möchtest du / ihr (Sie)?

Haben Sie nie Skrupel, nach einem Preisnachlass zu fragen, es sei denn, Sie sind im Supermarkt oder kaufen Lebensmittel. Lassen Sie sich auch von kleinen Gesten der Gastfreundschaft nicht bestechen, das ist üblich in diesem Gewerbe.

أريد شنطة صغيرة بالجلد, ليست غالية

🔊 **urîdu shanṭatan ṣaghîratan bil-djild, laisat ghâliyatan.**

ich-will Tasche-OBJ klein-OBJ mit-das-Leder, sie-ist-nicht teuer-OBJ

Ich möchte eine kleine Ledertasche, nicht zu teuer.

عندى أفضل شنطة, رخيص جدّا

🔊 ***indî afḍal shanṭa, râchîṣ djiddan.**

bei-mir besser Tasche, billig sehr

Ich habe die beste Tasche, sehr billig.

لكن هذا الشنطة اغلى من اللازم

🔊 **lâkin hâthâ aghlâ min al-lâzim.**

aber dieses teurer von das-Nötige

Aber das ist zu teuer.

Die höchste Steigerungsstufe, wie z. B. „zu teuer, zu wenig, zu klein" etc., wird im Arabischen mit folgender Konstruktion gebildet: 1. Steigerungsstufe + min al-lâzim (mehr als nötig).

لازم تعطيني خصماً

🔊 **lâzim tu*ṭînî chaṣman.**

nötig du-gibst-mir Rabatt-OBJ

Sie müssen mir Rabatt geben.

يوجد خصم عليها ؟

yûdjad chaṣm *alaihâ?

gibt-es Rabatt über-sie

Gibt es einen Rabatt darauf?

dukkân, dakâkîn	Laden, Geschäft
sûq saudâ'	Schwarzmarkt
Markt schwarz	

bâ'i* / bâ'i*ûn	Verkäufer(in)
sâhib, as'hâb	Besitzer
tâdjir, tudjdjâr	Händler, Kaufmann
qiyâs	Größe (Kleider usw.)
nuqûd; auch: **fulûs**	Geld
si*r; auch: **thaman**	Preis
chaffada, yuchaffidu, chaffid!	ermäßigen / reduzieren
ishtarâ, yashtarî	kaufen
bâ*a, yabî*u	verkaufen
tafarradja, yatafarradju	sich umsehen, schauen
arâ, yurî, ari!	zeigen
arinî ...!	Zeigen Sie (m) mir!
qâsa, yaqîsu	anprobieren
mumkin aqîsuhu? *möglich ich-anprobiere-ihn*	Kann ich es anprobieren?
rachîs – archas	billig – billiger
ghâliy – aghla	teuer – teurer
tamâm!; auch: **muwâfiq!**	Einverstanden!
sahîh!	genau! / richtig!

Gute Geschäfte können Tage benötigen. Schauen Sie daher öfter beim Händler herein, und ändern Sie Ihr Angebot ein wenig. Oft werden Sie noch auf der Straße zurückgerufen, und ihr Preis wird akzeptiert.

تمام، خُذْها بخمسة

tamâm, chuth'hâ bi chamsa!
o.k., nimm-es mit fünf
O.k., nimm es für fünf!

Achtung: das Wort bi- *(mit) gibt immer den Preis an.*

هذا بستّة دينارات

hâthâ bi sitta dînârât.
dieses mit sechs Dinar(Mz)
Das kostet sechs Dinar.

Fotografieren

Eigentlich verbietet der Islam die bildliche Darstellung von Menschen, auch durch Fotos. In manchen Gegenden wird dies bis heute beachtet. In den modernen Städten kann sich jedoch kaum noch jemand einer Ablichtung entziehen.

Es sollte vorsichtig mit der Kamera „geschossen" werden. Sie vermeiden Aufregung, wenn Sie denjenigen, den Sie fotografieren wollen, oder Umstehende freundlich fragen – die Bitte wird Ihnen dann sicherlich gewährt werden. Empfindlich reagieren hingegen die Behörden auf Kameras in der Nähe von Militär- und Sicherheitsanlagen, ein Begriff, der selbst Brücken beinhalten kann.

ممكن أصورّكَ / أصورّكِ

mumkin usawwaruka / usawwaruki?
möglich ich-fotografiere-dich(m/w)
Kann ich Sie fotografieren?

نعم, لكن لماذا ؟

na*am, mumkin, lâkin limâthâ?
ja, möglich, aber warum
Ja, möglich, aber warum?

أريد ذِكراً

urîdu thikran.
ich-will Erinnerung-OBJ
Ich möchte eine Erinnerung.

fîlm, aflâm	Film
... bil-alwân	Farbfilm
... mit-die-Farben	
... abyad wa aswad	Schwarz-Weiß-Film
... schwarz und weiß	
hammada, yuhammidu	entwickeln (Film)
kamara	Kamera
flâsh	Blitz

Bank, Post & Behördenbesuche

Zu Behördengängen sollten Sie auf jeden Fall korrekt gekleidet sein, stets höflich bleiben und vor allem nie die Geduld verlieren.

أريد انْ أصرّف شيكات سياحيّة

urîdu an usarrifu shaikât siyahîya.

ich-will dass ich-wechsele Schecks touristische

Ich möchte Travellers-Schecks tauschen.

أريد طوابع لثلاثة رسائل إلى ألمانيا

urîdu tawâbi* li thalâtha rasâ'il ilâ Almâniyâ.

ich-will Briefmarken für drei Briefe für Deutschland

Ich möchte Briefmarken für drei Briefe nach Deutschland.

بالبريد الخوي

bil-barîd al-djauwî.

mit-die-Post die-luftig

Mit Luftpost.

Sehen Sie als Tourist von jeglichen Bestechungsversuchen ab! Wenn Sie nicht zum gewünschten Erfolg kommen, so versuchen Sie es am folgenden Tag. Der Weg zum Vorgesetzten sollte eines der letzten Mittel sein, um etwas Dringendes zu erreichen, denn er nützt meistens wenig und verärgert alle Beteiligten.

أريد انْ أمدّد إقامتي

urîdu an umaddidu iqâmatî!
ich-will dass ich-verlängere Aufenthaltsrecht-mein
Ich möchte meine Aufenthaltserlaubnis verlängern!

bank, bunûk	Bank
nuqûd; auch: **fulûs**	Geld
***umla** (w), **-ât**	Währung
tasrîf *umlât *Wechsel Währungen*	Geldwechsel
sarrafa, yusarrifu	wechseln (Geld)
yûro	Euro
frânk (swîsri)	Schweizer Franken
dullâr, -ât	Dollar
barîd	Post (allgemein)
maktab al-barîd (w) *Büro der Post*	Postamt
muwazzaf, -ûn	Beamter
mudîr	Direktor
shubbâk, shabâbîk	Schalter
risâla (w), **rasâ'il**	Brief
tâbi*, tawâbi*	Briefmarke
zarf, zurûf	Briefumschlag
risâla musadjdjala (w) *Brief eingeschrieben*	Einschreibebrief
safâra (w)	Deutsche Botschaft
rishwa (w)	Bestechung(sgeld)
tamdîd	Verlängerung
milaff, -ât	Dokumente, Akte
maddada, yumaddidu	verlängern (Dokumente)

ta'shira (w); auch: **viza**	Visum
iqâma (w)	Aufenthaltrecht
djauwâz as-safr, djauwâzât ...	Reisepass
Erlaubnis der-Reise	
huwîya (w)	Ausweis
sâlih	gültig
intahâ, yantahî	ablaufen, beenden
mas'ûl	verantwortlich

Krank sein

Viele Ärzte haben in Europa studiert, und in fast jedem Land gibt es einige, die in Deutschland waren. Die deutschen Botschaften halten Listen dieser Ärzte bereit. Artzpraxen kündigen sich durch Werbeschilder an, auf denen der Studienort angeben ist. Ein Apotheker weiß sicher über den nächsten Arzt Bescheid.

تعرف طبيبا درس في ألمانيا ؟

ta*rifu tabîban darasa fî Almâniyâ?

du(m)-weißt Arzt-OBJ studierte-er in Deutschland

Kennen Sie einen Arzt, der in Deutschland studiert hat?

أين الصيد لية المقبلة ؟

aina as-saidalîya al-muqbila?

wo die-Apotheke die-nächste

Wo ist die nächste Apotheke?

Krank sein

Es gibt staatliche Polikliniken und private Krankenhäuser, doch sollten Sie stets erst einen Arzt konsultieren, der Sie in das richtige Krankenhaus einweist, falls es nötig ist. Für die Reiseapotheke ist übrigens eine eigene Spritze zu empfehlen!

أنا مريض / مريضة
ana marîd / marîda.
ich krank(m/w)
Ich bin krank.

... يعلمني
... yu'limunî.
... er-schmerzt-mir
... tut mir weh.

batnî	mein Bauch	**halqî**	mein Hals
ra'sî	mein Kopf	**qalbî**	mein Herz
asnânî	meine Zähne		

ما عندكم إبرة تستعملها مرّة واحدة ؟
mâ *indakum ibra tasta*maluhâ marra wahida?
nicht bei-Euch(m) Spritze du(m)-benutzt-sie Mal eins
Haben Sie keine Einwegspritze?

أنا عندي إبرة معقمة
anâ *indî ibra mu*aqqama.
ich bei-mir Spritze steril(w)
Ich habe eine sterile Spritze dabei.

saidalîya (w)	Apotheke
is'hâl	Durchfall
bard; auch: **inflû'anza**	Grippe
mustashfâ	Krankenhaus
dawâ', adwîya	Medizin
alam	Schmerz
'âlama, yu'limu	schmerzen
hâmil	schwanger
qâ'a, yaqî'u	sich erbrechen
qurs, aqrâs	Tablette
djurh, djurûh	Wunde

Toilette

Beim Gang zur Toilette (tuwalît, gehobener auch: ḫammâm: „Bad“) sollten Sie stets eigenes Toilettenpapier (manâdîl tuwalit, wörtl.: „Taschentücher Toilette“) dabei haben.

Männer: رجال Frauen: نساء

Welche Toilette für „sie“ und für „ihn“ ist, wird meistens durch einen Damen- oder Männerschuh auf der Tür angegeben.

أين التوليت من فضلكَ / فضلكِ
aina at-tuwalit min fa<u>d</u>luka / fa<u>d</u>luki?
wo die-Toilette von Güte-dein(m/w)
Wo ist bitte die Toilette?

أىّ توليت للرجال / للنساء ؟
aiy tuwalit lir-ridjâl / lin-nisâ'?
welche Toilette für-die-Männer / für-die-Frauen
Welche Toilette ist für Männer / für Frauen?

Schimpfen & Fluchen

Viele Schimpfwörter beziehen sich auf unreine Tiere (Esel, Hund, Schwein). Zur Not können Sie sich im Wortverzeichnis bedienen. Führen Sie sich aber vor Augen, dass Sie nur Gast sind, und lassen Sie sich nie provozieren!

Weil Hocharabisch ursprünglich eine Schriftsprache ist, ist es eher arm an Schimpfwörtern. Sie gehören zur spontanen Rede und sind deshalb in den Dialekten der einzelnen Länder reichlich vorhanden.

Verwenden Sie keine Schimpfwörter, die etwas mit der Mutter (umm), der Schwester (ucht) oder dem Genitalbereich zu tun haben – es könnte böse für Sie enden. Der folgende Satz ist eher ein „Bonmot" als eine Beschimpfung, mit dem Sie humorvoll und beschwichtigend auf aggressive Situationen reagieren können:

الله يسامحكَ / يسامحكِ
allâh yusâmhuka / yusâmhuki!
Gott er-vergebe-dir(m/w)
Gott vergebe dir!

Glimpfliche und ausgefallene Beschimpfungen sind:

يُكسّر يديكَ / يديكِ
yukassar yadaika / yadaiki!
zerbrechen-werden Hände-dein(m/w)
Deine Hände mögen zerbrechen!

يُخربْ بيتكَ / بيتكِ
yuchrab baituka / baituki!
zerstöre-werde Haus-dein(m/w)
Dein Haus möge einfallen!

Nichts verstanden? – Weiterlernen!

Mabrûk!, Gratulation! Sie haben sich in eine wirklich sehr schwere Sprache eingearbeitet. Geben Sie jetzt nicht auf, sondern wenden Sie Ihr Wissen selbstbewusst an. Haben Sie keine Angst, selbst wenn Sie zu Anfang viele Fehler machen. Hocharabisch musste von jedem, auch von den Arabern, gelernt werden, und die wissen deshalb selber, wie schwer es ist und zeigen größte Rücksicht gegenüber Fremden und dann auch größte Anerkennung.

Mit einem Smartphone können Sie sich die mit einem gekennzeichneten Sätze dieses Kapitels anhören.

ممكن تتكلم بهدوء ؟

mumkin tatakallamu bi-hudû'?

möglich du(m)-sprichst langsam

Können Sie langsam sprechen?

أتكلم عربي قليلا

atakallamu *arabî qalîlan.

ich-spreche Arabisch wenig-OBJ

Ich spreche nur wenig Arabisch.

عفوا, أنا ما فهمتُ (كلّ) شيء

***afwan, anâ mâ fahimtu (kull) shai'.**

Entschuldigung, ich nicht verstand-ich (alle) Sache

Entschuldigung, ich habe nichts (nicht alles) verstanden.

Wenn man nach einem bestimmten Wort fragen will, sagt man:

ما معنى ... ؟
mâ ma*nâ ...?
was Bedeutung ...
Was heißt ...?

ماذا يعني... بالعربيّة ؟
mâthâ ya*nî ... bil-*arabîya?
was er-heißt ... mit-das-Arabisch
Was heißt ... auf Arabisch?

Sicherlich werden Sie gelegentlich im heimischen Dialekt, der *âmmîya (das „Gewöhnliche"), des Reiselandes angeredet werden. Fordern Sie Ihren Gesprächspartner dann auf, die Sprachebene zu wechseln und Hochsprache (fus'hâ) mit Ihnen zu reden. Schnell wird er die Sprache wechseln oder doch zumindest einen „Übersetzer" herbeiholen.

ممكن تتكلم بالفصحى ؟
mumkin tatakallamu bil-fus'hâ?
möglich du(m)-sprichst mit-die-Hochsprache
Kannst du in der Hochsprache sprechen?

عفوا, لكن أنا لا أتكلم العامّية
***afwan, lâkin anâ lâ atakallamu al-*âmmîya.**
Entschuldigung, aber ich nicht ich-spreche der-Dialekt
Entschuldigung, aber ich spreche keinen Dialekt.

أنا درستُ الفصحى (قليلا) في المانيا
anâ darastu al-fus'hâ (qalîlan) fî Almâniyâ.
ich studierte-ich die-Hochsprache (wenig) in Deutschland
Ich habe in Deutschland (ein wenig) die Hochsprache gelernt.

Stehen Sie vor einem Schild in arabischer Schrift, einer Adresse oder der Umschriftliste zu Beginn des Buches, können Sie fragen:

ممكن تقرأهُ لِي ؟
mumkin taqra'uhu lî?
möglich du(m)-liest-es für-mich
Können Sie mir das vorlesen?

إذا ممكن مرّة ثانية !
itha mumkin, marra thânîya!
wenn möglich, Mal zweites
Wenn es geht, noch einmal!

Und wenn alles nichts hilft, müssen Sie vielleicht fragen:

يوجد أحد هنا يتكلم إنكليزي / فرانسي ؟
yûdjad ahad hunâ, yatakallamu inglîzî / farânsî?
es-gibt jemand hier, er-spricht Englisch / Französisch
Gibt es hier jemanden, der Englisch / Französisch spricht?

ممكن تترجم لِي ؟
mumkin tutardjimu lî?
möglich du(m)-übersetzt für-mich
Können Sie mir übersetzen?

Dringende Hilferufe

Im Notfall können Sie auf die hier genannten Sätze zeigen.

النجدة !

an-nadjda!

Hilfe!

أحتاج إلى مساعدة !

ahtâdju ilâ musâ*ada!

Ich brauche Hilfe!

ممكن تساعدني ؟

mumkin tusâ*idunî?

Können Sie mir helfen? (zu einem Mann)

اسمي ...

ismî ...

Mein Name ist ...

أنا من ألمانيا / النمسا / سويسرا

anâ min Almâniyâ / an-Nimsâ / Swîsrâ.

Ich komme aus Deutschland / Österreich / der Schweiz.

عرض لِي حادث

***arada lî hâdith.**

Ich hatte einen Unfall.

أنا مريض

anâ marîd.

Ich bin krank.

سرقوني

saraqûnî.

Man hat mich bestohlen.

فقدتُ وثائقي

faqadtu wathâ'iqî.

Ich habe meine Dokumente verloren.

ساعدوني بسرعة من فضلكم

sâ*idûnî bi-sur*a min fadlukum!

Helfen Sie mir bitte schnell!

أطلبوا طبيبا / الشرطة من فضلك ؟

utlubû tabîban / ash-shurta min fadlukum.

Bitte holen Sie einen Arzt / die Polizei!

أعطوني أكلا / شربا من فضلكم

a*tûnî aklan / sharban min fadlukum.

Bitte geben sie mir etwas zu trinken / essen!

كيف أذهبُ إلى...

kaifa athhabu ilâ ...?

Wie komme ich nach ...?

كيف أذهبُ إلى طبيب / فندق / البلد المقبل

kaifa athhabu ilâ tabîb / funduq / al-balad al-muqbil?

Wie komme ich zum Arzt / Hotel / nächsten Ort?

أين ممكن أتّصل بالهاتف

aina mumkin attasilu bil-hâtif?

Wo kann ich telefonieren?

أخبروا السفارة الالمانية من فضلكم

achbirû as-sifâra al-almânîya min fadlukum.

Bitte benachrichtigen Sie die Dt. Botschaft!

Literaturhinweise

Die hier genannten Bücher/Schriften sind nicht über den Reise Know-How Verlag Peter Rump GmbH erhältlich.

Da es selbst innerhalb der Hochsprache noch verschiedene Sprach- und Stilebenen gibt, sollte man sich vor dem Kauf eines weiterführenden Buches überlegen, was man lernen will.

Wer ernsthaft das klassische Arabisch grammatisch gut beherrschen will, dem sei das alte Universitätslehrbuch der DDR empfohlen: **G. Krahl und W. Reuschel: „Lehrbuch des modernen Arabisch“,** Langenscheidt Verlag Enzyklopädie. Als Lehrbuch ist es allen anderen an Genauigkeit überlegen.

Das westdeutsche Gegenstück – nicht wirklich schlechter – dazu ist von **W. Fischer, O. Jastrow: „Lehrgang für die arabische Schriftsprache der Gegenwart“,** Harrassowitz, Wiesbaden.

Lockeres Zeitungsarabisch vermittelt **Helmut Klopfer: „Modernes Arabisch“,** Julius Groos Verlag, Heidelberg.

Am gesprochenen Hocharabisch orientiert sich das Buch von **Taufiq Borg: „Modernes Hocharabisch“,** Selbstverlag, Hamburg. Es ist im Vokabular und in der Grammatik aber stark vom ägyptischen Dialekt geprägt. Diese beiden Bücher führen zu rascheren Erfolgen als die ersten beiden.

Für die Benutzung von Wörterbüchern im Hocharabischen wird immer die Beherrschung der Schrift vorausgesetzt. Doch damit nicht genug, die wirklich ausführlichen Werke sind – arabischer Grammatiktradition folgend – nach den drei Stammkonsonanten geordnet, aus denen jedes Wort besteht. Sie zu erkennen, erfordert beste Kenntnis der Grammatik.

Das **Taschenwörterbuch Arabisch** von Langenscheidt kann ohne diese Grammatikkenntnise benutzt werden, es ist in beiden Richtungen **(Arabisch-Deutsch, Deutsch-Arabisch)** in einfacher alphabethischer Folge geordnet.

Ebenso können die **Wörterbücher „Deutsch-Arabisch“** von **Günther Krahl** und der ausführliche Schinken von **Götz Schregle** benutzt werden.

Das beste Wörterbuch „Arabisch-Deutsch“ ist das von **Hans Wehr: „Arabisches Wörterbuch“,** Harrossowitz, Wiesbaden. Allerdings ist es nach den Stammkonsonanten sortiert. Die drei letzgenannten Werke sind auf den Buchmärkten der arabischen Welt häufig (und dann viel billiger) zu erwerben.

Die besten Grammatiken sind die von **W. Fischer: „Grammatik des klassischen Arabisch“,** Harrassowitz, Wiesbaden, und der alte Klassiker von **Carl Brockelmann: „Arabische Grammatik“** (verschiedene Verlage).

Weitere Titel für die Region von Reise Know-How

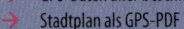

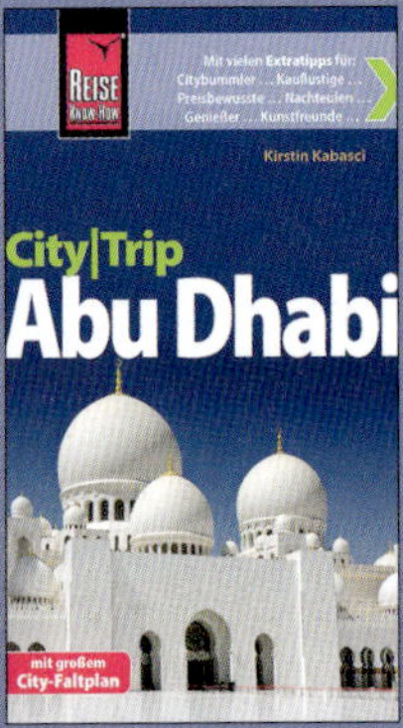

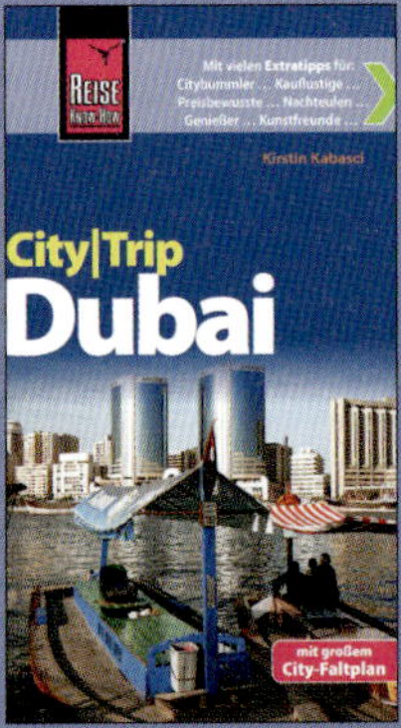

CityTrip Abu Dhabi
978-3-8317-2369-0
Kirstin Kabsci | **11,95 Euro [D]**

CityTrip Dubai
978-3-8317-2349-2
Kirstin Kabsci | **9,95 Euro [D]**

Mit begleitendem Service für Smartphones, Tablets & Co.:
- → GPS-Daten aller beschriebenen Örtlichkeiten
- → Stadtplan als GPS-PDF

Viele reisepraktische Infos | Sorgfältige Beschreibung der interessantesten Sehenswürdigkeiten | Historische Hintergründe der Stadt Geschichte der Region | Detaillierte Stadtpläne | Empfehlenswerte Unterkünfte Restaurants aller Preisklassen | Erlebnisreiche Stadtrundgänge Mit City-Faltplan zum Herausnehmen | 144 Seiten

www.reise-know-how.de

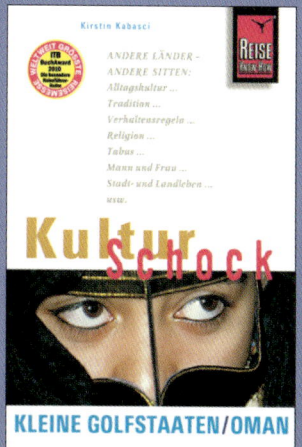

Wörterliste Deutsch – Hocharabisch

Hauptwörter *stehen in den Wörterlisten immer in der Einzahl- und in der Mehrzahlform (wenn es sie gibt). Die Mehrzahlformen* **-ûn** *und* **-ât** *bedeuten, dass die Mehrzahl regelmäßig gebildet wird (wie im Kapitel „Mehrzahl“ erklärt).*

Weibliche Hauptwörter *sind mit „(w)“ gekennzeichnet, alle anderen Hauptwörter sind männlich.*

Verben *werden in der Grundform, also der Form für „er“ in der Vergangenheit angeben, als zweites steht die Grundform Gegenwart, die auch die Form für die 3. Person männlich („er“) ist, als drittes folgt, allerdings nur in der Deutsch-Arabischen Wörterliste, die Befehlsform (Imperativ), wenn diese Sinn macht.*

Eigenschaftswörter *stehen nur in der männlichen Form. Ist ihre Mehrzahlform unregelmäßig (wird sie also nicht mit* **-ûn** *oder* **-ât** *gebildet), wird sie nach der Einzahlform angegeben.*

â *ist wie* **a** *eingeordnet, dasselbe gilt für* **î** *und* **i** *sowie für* **û** *und* **u.**

Wörter mit ***ain** *als erstem Buchstaben sind unter dem nachfolgenden Buchstaben eingeordnet, z. B. steht* ***îd** *unter* **i,** *so als hieße das Wort „îd“. Das gleiche gilt für Wörter, die ein* **Hamza** *am Wortanfang haben.*

„Gatt.“ ist die Abkürzung für „Gattungsbezeichnung“. Vergleiche dazu das Kapitel „Gattungsbezeichnungen (Kollektiva)“.

„a:“ ist die Abkürzung für „auch:“. Hier werden weitere Übersetzungsmöglichkeiten angeboten.

A

Abendessen *ashâ'
aber lâkin
ablaufen (Gültigk.) inqadâ, yanqadî
Absender mursil
Afrika Ifriqîya (w)
Ägypten Misr (w)
ähnlich shabîh
Akte milaff
Algerien al-Djazâ'ir (w)
alle kull
alles kull shai'
als ob ka'anna
Alter (Lebens-) *umr
Amerika Amrîka (w)
Ampel ishârat al-murûr (w)
an (örtl.) *inda
andere(r) âchar (m), uchrâ (w)
anderer, ein ghairuhu
Angestellter muwazzaf, -ûn
Angst chauf
ängstlich châ'if
ankommen (an) wasala ila, yasilu ila
Anlass (Grund) sabab, asbâb
anprobieren qâsa, yaqîsu, qis!
anstatt badalan
Antwort djauwâb, adjwiba

antworten adjâba, yudjîbu, adjib!
Anwalt muhâmî, -yûn
anwesend maudjûd
anziehen (sich etw.) labisa, yalbasu, ilbas!
Apfel tuffâh (Gatt.)
Apotheke saidalîya (w)
Aprikose mishmish (Gatt.)
Arbeit shughl, ashghâl
arbeiten *amila, ya*malu, i*mal!
archäolog. Stätten athâr
arm faqîr
Arm sa*id, suwâ*id
arme Leute fuqarâ' (Mz)
Art (Sorte) nau*, anwâ*
Arzt tabîb, atibbâ'
Asche ramâd
Asien Âsîya (w)
Ast far*, furû*
auch aidan
auf *alâ
auf Wiedersehen ma*a as-salâma
Aufenthalt(srecht) iqâma (w), -ât
aufhören tawafaqqa, yatawafaqqu, tawaqqif!
aufschreiben sadjdjala, yusadjdjilu, sadjdjil!
Auge *ain, *uyûn
aus min
außer mâ *adda; a: illâ
außerhalb châridj
Ausfahrt machraj
Ausgang machraj
auslachen dahika *alâ, yadhaku *alâ
Ausland al-châridj
Ausländer adjnabî, adjânib
Ausnahme istithnâ'
ausnutzen istafâda, yastafîdu
ausprobieren djarraba, yudjarribu, djarrib!
Auspuff mâsûra (w)
ausrichten (benachrichtigen) achbara, yuchbiru, achbir!
Ausverkauf tasfîya (w)
Ausweis bitâqat al-huwiyya (w)
Auto saiyâra (w), -ât

B

Bäckerei furn, afrân
Bad hammâm, -ât
Bagdad Baghdâd (w)
Bahnhof mahatta (w), -ât
Bahrain al-Bahrain (w)
Balkon balkûn, -ât
Banane mauz (Gatt.)
Bank bank, bunûk
Bär dubb, dibaba
Batterie battârîya (w), -ât
Bauch batn, butûn
Baum shadjar (Gatt.)
Bazar sûq, aswâq
Beamter muwazzaf, -ûn
bedanken, sich shakaru *alâ, yashkuru *alâ, ushkur!
bedeuten (heißen) *anâ, ya*nî
Bedeutung ma*nâ
beenden intahâ, yantahî, intahi!
Befehl amr, umûr
befehlen 'amara, ya'muru, u'mur!
bei *inda
Bein sâq (w), sîqân
Beirut Bairût (w)
bekannt ma*rûf
benachrichtigen achbara, yachbiru, achbir!
Benzin (normal) benzîn (*âdi)
Berg (Mz: Gebirge) djabal, djibâl
berühmt mash'hûr
beschädigt mutlaf
Bescheinigung shahâda (w), -ât
beschimpfen sabba, yasubbu
Beschwerde shakwâ (w), shakawâ

beschweren, sich ishtakâ, yashtakî, ishtaki!
Besen miknasa (w), makânis
besetzt mashghûl
besetzte Gebiete aradî muhtalla (w)
Besitz mulkîya (w)
besser ahsan
Bestechung rishwa (w)
bestellen talaba, yatlubu, utlub!
betrunken sakrân
Bett sarîr, asirra
Bettuch sharshaf, sharâshif
Bevölkerung as-sukkân
bevor qabla
bezahlen dafa*a, yadfa*u, idfa*!
Bibel al-kitâb al-muqaddas
Bier bîra (w), -ât
Bild (Foto) sûra (w), suwar
billig rachîs
Birne (elektr.) lamba (w), -ât
Birne (Frucht) kummathrâ (Gatt.)
bis hatta
bis wann? ilâ-mata?
bisschen qalîl
bitte! tafaddal! (m), tafaddalî! (w)
bitten talaba min, yatlubu min, utlub!
bitter murr
Blatt (Papier) waraq (Gatt.)
blau azraq (m), zarqâ' (w)
bleiben baqiya, yabqâ, ibqa!
Bleistift qalam rasâs
Blume zahr (Gatt.)
Blut damm
Boden ard (w), aradî
Botschaft sifâra (w), -ât
brauchen (etw.) ihtâdja, yahtâdju
braun bunnî (m), -ya (w)
Braut *arûs (w), *arâ'is
Bräutigam *arîs, *urus
Bremse farmala, farâmil
Brief risâla (w), rasâ'il
Briefkasten sandûq al-barîd
Briefmarke tâbi*, tawâbi*
Briefträger muwazzi* al-barîd
Briefumschlag zarf, zurûf
Brille nazâra (w), -ât
bringen (jmd.) djalaba, yadjlibu, hât!
Brot chubz
Brücke djisr, djusûr
Bruder ach, ichwa
Buch kitâb, kutub
bunt mulauwan
Burg qal*a (w), qilâ*
Büro maktab, makâtib
Bus bâs, bâsât; a: ûtûbîs, -ât
Butter zibda (w)

C

Chef mudîr, -ûn
Christ masîhî, -yûn
Christentum al-masîhîya (w)

D

Damaskus Dimashq (w)
Dame saiyida (w), -ât
damit min adjli; a: likai
danach ba*da thalika
danke! shukran!
danken shakara, yashkuru, ushkur!
dann thumma
dass an, anna
Dattel tamr (Gatt.)
Datum târîch
Dauer mudda (w)
dauern istamarra, yastamirru
denken fakkara fî, yufakkiru fî, fakkir!

denn li-an
deutsch almânî
Deutsche almânîya (w), -ât
Deutsche Mark mark almânî, markât almâniya
Deutscher almânî, almân
Deutschland Almâniyâ (w)
Devisen *umla sa*ba (w)
Diät radjîm
dick samîn, simân
Dieb liss, lusûs
diese hâthihî (w, Ez)
diese hâ'ulâ'i (Mz)
Diesel mazût
dieser hâthâ (m, Ez)
Ding shai', ashyâ'
Direktor mudîr, -ûn
Dokumente wathâ'iq (w, Mz)
Dollar dullâr, -ât
Dorf qarya (w), qurâ
dort hunâka; a: hunâlika
draußen châridj
du anta (m), anti (w)
dumm ghabiy
dünn nahîl
Durchfall is'hâl
Durst *atsh
durstig *atshân

E

eben (zeitl.) tauwan
Ehemann zaudj, azwâdj
Ehefrau zaudja (w), -ât
Ei baid (Gatt.)
Eid qasam, aqsâm
eifersüchtig ghaiyûr
Eigentum mulkîya (w), -ât
eilig musta*djil
Einfahrt madchal
einfach sahl
Eingang madchal
einladen da*â, yad*û
Einschreibebrief risâla musadjdjala (w)
eintreten dachala, yadchulu, udchul!
einverstanden! muwâfiq!
Eis (Wasser-) thaldj
Eis (Speise-) bûza (w); a: dandûrma (w)
Eisenbahn sikkat hadîd (w)
Eisenbahnwagen qitâr, -ât
Empfänger mursal ilaihi
Engel malâk, malâ'ik
Entschuldigung! *afwan!
entweder ... oder ... imma ... au ...
entwickeln (Film) hammada, yuhammidu
er huwa
erbrechen, sich qâ'a, yaqî'u
Erbsen bâzillâ' (Gatt.)
Erinnerung thikr (Mz)
Erkältung bard
erklären sharaha, yashrahu, ishrah!
Erlaubnis uthn; a: idjâza (w)
ermäßigen chaffada, yuchaffidu, chaffid!
Ermäßigung chasm; a: tachfîd
ernsthaft djiddî
Esel himâr, hamîr
essen 'akala, ya'kulu, kul!
Essen (Speise) akl; a: ta*âm
Essig chall
Etage tâbiq, tawâbiq
etwas shai'; a: qalîl
Euphrat al-Furât (w)
Europa Ûrubba (w)
europäisch ûrubbî

F

fahren (steuern) sâqa, yasûqu, suq!
Fahrer sâ'iq, -ûn
Fahrkarte tathkira (w), tathâkir

Fahrpreis udjra (w)
Fahrrad darrâdja (w), -ât
Fahrstuhl miṣ*ad, maṣâ*id
falls ithâ; a: inn; a: lau
Familie *â'ila (w), -ât
Farbe laun, alwân
fasten ṣâma, yaṣûmu, ṣum!
Fasten ṣiyâm
faul (träge) kaslân
feige djabân, djubanâ'
Fenster shubbâk, shabâbîk; a: nâfitha (w), -ât
Ferien *uṭla (w), *uṭlât; a: idjâza (w), -ât
fern ba*îd
Fest *îd, a*yâd
Fett saman (Gatt.)
Feuer nâr, nîrân
Feuerzeug wallâ*a (w), -ât
Fieber ḥummâ
finden wadjada, yadjidu
Firma sharika (w), -ât
Fisch samak (Gatt.), asmâk (Mz)
Flasche zudjâdja (w), -ât
Fleisch laḥm (Gatt.), luḥûm (Mz)
fleißig mudjtahid
Fliege thubâb (Gatt.)
Flughafen maṭâr, -ât
Flugzeug ṭâ'ira (w), -ât

folglich bin-natîdja (w)
Foto ṣûra (w), ṣuwar
Fotograf muṣawwir, -ûn
fotografieren ṣawwara, yuṣawwiru, ṣawwir!
Frage su'âl, as'ila
fragen sa'ala, yas'alu, is'al!
Frau imra'a, nisâ'; a: saiyida (w), -ât
Frau (Ehe-) zaudja (w), -ât
Fräulein ânisa (w), -ât
frech qalîl adab
frei ḥurr
Freiheit ḥurrîya (w)
fremd adjnabî, adjânib
Freund ṣadîq, aṣdiqâ'
Friseur ḥallâq, -ûn
früh mubakkir
Frühling rabî*
Frühstück fuṭûr
füllen (auffüllen; z. B. Autotank) *abbâ, yu*abbî, *abbi!
Fundamentalist salafî, -yûn
für ilâ; a: min adjli
Furcht chauf
fürchten, sich châfa, yachûfu
Fuß qadam (w), aqdâm

Gabel shauka (w), shûkât
Gang (Auto) sur*a (w)
Garten ḥadîqa (w), ḥadâ'iq
Gasse ḥâra (w), -ât; a: zuqâq, aziqqa
Gast ḍaif, ḍuyûf
Gebäck (süß) ka*ak (Gatt.)
geben a*ṭâ, yu*ṭî, a*ṭi!
Gebet ṣalât (w)
Geburtstag *îd milâd, *iyâd milâd
Gedanke fikr (w), afkâr
Geduld ṣabr
Geduld, habe ...! *alâ mahl!
Gefahr chaṭar
gefährlich chaṭîr
Gefallen, tu mir einen ...! if*al lî ma*rûfan!
Gefallen ma*rûf
Gefängnis sidjn, sudjûn
gegen ḍidda
Geheimnis sirr, asrâr
gehen thahaba, yathhabu, ithhab!
gehend (zu Fuß) mâshiyan
geht, es ...! ya*nî!
geizig bachîl
gelb aṣfar (m), ṣafrâ' (w)
Geld nuqûd; a: fulûs

Geldwechsel ta<u>s</u>rîf
 *umalîyât
Gemüse chu<u>d</u>ar (Mz)
genau daqîqan;
 a: bith-thabt
genügen (reichen)
 kafâ, yakfî
Gepäck amti*a (w, Mz)
geradeaus *alâ <u>t</u>ûl
Geruch riha (w)
gesalzen mumala<u>h</u>
Gesang ghinâ' (w)
Geschäft dukkân,
 dakâkîn
Geschmack thauq
Gesicht wadjh, wudjûh
gestern amsi
Gesundheit sa<u>h</u>ha (w)
Gewicht wazn, auzân
Gewohnheit *âdât (w)
Glas ka's (w), ku'ûs
Glaube (relig.) dîn,
 adyân
gleich mushâbih
Glückwunsch!
 mabrûk!; tahni'a! (w)
Glühbirne lamba
 (w), -ât
Gott allâh
Gras <u>h</u>ashîsh
gratulieren hanna'a,
 yuhanni'u, hanni'!
grau ramâdî (m), -ya
 (w)
Grenze <u>h</u>udûd (Ez/Mz)
griechisch-orthodox
 rûmî ortodoks
Grippe djrîb

groß kabîr
Größe (Kleidung)
 qiyâs
Großmutter djadda
 (w), -ât
Großvater djadd,
 adjdâd
grün ach<u>d</u>ar (m), char-
 <u>d</u>â' (w)
Grund (Anlass) sabab,
 asbâb
Gruß salâm, -ât;
 a: ta<u>h</u>îya (w), -ât
gültig sârî al-maf*ûl
Gummi ma<u>tt</u>ât (Gatt.)
Gurke chiyâr (Gatt.)
gut djaiyid
gute Nacht! <u>t</u>âbat
 lailatukum!
guten Morgen! <u>s</u>abâ<u>h</u>
 al-chair!
guten Abend! masa'
 al-chair!

H

Haar sha*r
haben *inda-...
 (+ besitzanzeigende
 Endung)
halb ni<u>s</u>f
Hälfte ni<u>s</u>f
Hals raqba (w), -ât
halt! qif!
Haltestelle mauqif,
 mawâqif; ma<u>hatt</u>a
 (w), -ât

Hammel ghanam
 (Gatt.)
Hand yad, aidin
Handtuch fû<u>t</u>a (w),
 fuwa<u>t</u>
hässlich bashi*
Haus bait, buyût
Haut bashara (w)
heilig muqaddas
Heirat zauwâdj
heiraten tazawwadja,
 yatazawwadju,
Heiratsfest *urs
heiß <u>h</u>ârr; a: <u>s</u>âchin
helfen sâ*ada,
 yusâ*idu, sâ*id!
hell <u>d</u>âuwi (m), -ya (w)
Herbst charîf
Herr saiyid, sâda
Herz qalb, qulûb
heute al-yaum
heute morgen
 al-yaum <u>s</u>aba<u>h</u>an
hier hunâ
Hilfe musâ*ada (w), -ât
Himmel samâ' (w)
hinbringen au<u>s</u>ala, yûsilu, au<u>s</u>il!
hinein ilâ ad-dâchil
hinten chalfan
hinter warâ'a
hoch *âli
höflich mu'addab
Höflichkeit adab
holen ah<u>d</u>ara, yuh<u>d</u>iru,
 ah<u>d</u>ir!
Holz chashab
Honig *asal

hören sami*a,
yasma*u, isma*!

Hose banṯalûn, -ât

Hotel funduq, fanâdiq

Huhn dudjâdj (Gatt.)

Hund kalb, kilâb

Hunger djû*

hungrig djau*ân

Hupe âlat at-tanbîh

Husten su*âl

Hut qubba*a (w), -ât

I

ich anâ

Idiot machbûl,
machâbil

immer dâ'iman

in fî

Ingenieur muhan-
dis, -ûn

innerhalb dâchil

intelligent thakiy

Intelligenz thakâ'

interessant djadîr
bil-ihtimâm

Irak al-*Iraq (w)

Iran al-Îrân (w)

irgendetwas shai' mâ

irgendwo fî makân mâ

irren, sich achṯa'a,
yuchṯi'u

Islam islâm

Israel Isrâ'îl (w)

J

ja na*am

Jacke sutra (w), -ât;

Jahr sana (w), sanawât

Jahreszeit faṣl, fuṣûl

jede ... kull ...

jeder kull wâḥid

jederzeit fî kull waqt

jemand aḥad;
a: shachṣ

Jemen al-Yaman (w)

jene(r) thalika (m),
tilka (w)

jene ûlâ'ika (Mz)

Jerusalem al-Quds (w)

jetzt al-ân

Joghurt laban râ'ib

Jordanien al-Urdun (w)

Jude yahûdî, yahûd

jung ṣaghîr bis-sinn;
a: shâbb

Junge walad, aulâd

junger Mann shâbb,
shabbâb

K

Kaffee qahwa (w)

Kairo al-Qâhira (w)

Kalender natîdja (w),
natâ'idj

kalt bârid

Kälte bard

Kamel djamal, djimâl;
a: ibl (Gatt.)

Kamm mushṯ, amshâṯ

---

kämpfen kâfaḥ, yukâ-
fiḥ, kâfiḥ!

Kartoffel baṭâṭâ (Gatt.)

Käse djubna (w)

Kasten ṣandûq,
ṣanâdîq

Katholik katolikî, -yûn

Katze qiṭṭa (w), -ât

kaufen ishtarâ,
yashtarî, ishtari!

Kaufmann tâdjir, tudjdjâr

kein ... lâ ...

keiner lâ aḥad

Kellner garsûn

kennen *arafa, ya*rifu

kennen lernen (jmd.)
ta*arrafa, yata*arrifu

Kerze sham*a (w),
shumû*

Kette silsila (w), salâsil

Kind walad, aulâd

Kino sînima (w), -ât

Kirche kanîsa (w),
kanâyis

Kirsche karaz (Gatt.)

Klasse (Schule) ṣaff,
ṣufûf

Klasse (Zug) daradja
(w), -ât

Kleid fistân, fasatîn

Kleidung malâbis

klein ṣaghîr

Kleingeld *umla
ṣaghîra (w)

Klingel djaras, adjrâs

klopfen daqqa,
yaduqqu, duqq!

Knie rukba (w), rukab
Knoblauch thûm (Gatt.)
Knopf zirr, azrâr
kochen tabacha, yatbuchu, utbuch!
Kochtopf tandjar, tanâdjir
Koffer haqîba (w), haqâ'ib
Kollege zamîl, zumalâ'
kommen djâ'a, yadjî'u, tâ*ala! (m) / tâ*alî! (w)
kompliziert sa*ab
können istatâ*a, yastatî*u
Konsulat qunsulîya (w), -ât
Kopf ra's, ru'ûs
Koran qur'ân
Korn habb, hubûb
Kosten takâlîf (Mz)
köstlich lathîth
krank marîd
Krankenhaus mustashfâ (w), -yât
Krankheit marad, amrâd
Kreuzung (Straße) mafraq, mafâriq
Küche matbach, matâbich
Kuchen gâtô
Kugelschreiber qalam nâshif
Kuh baqar (Gatt.)
Kultur thaqâfa (w), thaqâ'if
Kupplung dubriyâdj; a: ta*shîqa (w)
Kurs (Sprach-) daura (w), -ât
kurz qasîr
Kuss qubla (w), -ât
küssen qabbala, yuqabbilu
Kuweit al-Kuwait (w)

L

lachen dahika, yadhaku, idhak!
Laden dukkân, dakâkîn
Lampe misbâh, masâbîh
Land bilâd, buldân
lang tawîl
langsam bi-hudu'
langsam (Eigensch.) batî*
langsam, mach ...! *alâ mahlika/-ki! (m/w)
lassen taraka, yatruku, utruk!
laufen rakada, yarkudu, urkud!
leben *âsha, ya*îshu
Leben haiyât (w)
Lebensmittel aghthîya (w)
Lebensmittelladen biqâla (w), -ât
Leder djild
ledern djildî
leer (Ort) fâdî; a: châlî
legen wada*a, yadi*u, di*!
Lehrer mudarris, -ûn
Leid, das tut mir ...! ana âsif/âsifa! (m/w)
leicht (Gewicht) chafîf
leihen, sich ista*âra, yasta*îru
lesen qara'a, yaqra'u, iqra'!
letzter âchir
letzte, der al-achîr
Libanon Lubnân (w)
Libyen Lîbîyâ (w)
Licht dau'
lieb (nett) latîf
lieben ahabba, yuhibbu
Linie (Strich) chatt, chutut
links yasâran
Lippe shiffa (w), shafâyif
Löffel mil*aqa (w), malâ*iq
los! yallah!
Luftpost, per bil-barîd al-djâwi
Lüge kithb
lügen kathaba, yakthibu, ikthib!
Lügner kaththâb, -ûn
lustig mud'hik

M

machen fa*ala, yaf*alu, if*al!

macht nichts! lâ yu-himmuka/ -ki! (m/w)

Mädchen bint (w), banât

Magen ma*ida (w)

Mal (z. B. erstes ...) marra (w), -ât

manchmal aḥyânan

Mann radjul, ridjâl

Marmelade murabbâ

Marokko al-Maghrib (w)

Märtyrer shahîd, shuhada

Mauretanien Mauritânîya (w)

Maus fa'r, fi'rân

Medikament dawâ', adwîya

Meer baḥr

Mehl ṭaḥîn; a: daqîq

mehr akthar

meinen *anâ, ya*nî

Meinung ra'î

Mensch insân, nâs

merkwürdig *adjîb

Messer sakkîn, sakâkîn

Miete îdjâr

Milch ḥalîb; a: laban

Militär al-djaish

militärisch *askarî

Minister wazîr, wuzarâ'

Minute daqîqa (w), daqâ'iq

mit ma*a

Mittag ẓuhr

Mittagessen ghadâ'

Mitte wasaṭ

mittelmäßig mutauwasiṭ

mögen aḥabba, yuḥibbu

Monat shahr, ashhur

Mond qamar, aqmâr

morgen (folg. Tag) ghad

Morgen (Tageszeit) ṣabaḥ

Moschee djâmi*, dja-wâmi*

Moskito nâmûs (Gatt.), nâwâmîs (Mz)

Moslem muslim, -ûn

Motor motôr, -ât

Motorrad darrâdja (w) -ât; a: motôsikl, -ât

Mücke nâmûs (Gatt.), nâwâmîs (Mz)

müde ta*bân

Müdigkeit ta*b

Müll qumâma (w); a: zubâla (w)

müssen lâzim

Mutter umm (w), ummahât

N

nach (zeitl.) ba*da

nach (örtl.) ilâ

nachdem ba*da thalika

Nachricht chabar, achbâr

nahe qarîb

Nähe qurb

Name ism, asmâ'

Nase anf, unûf

nass mablûl

Nation umma (w), ummam; a: waṭan, auṭan

Natur ṭabî*a

nehmen 'achatha, ya'chuthu, chud!

neidisch ḥâsid, ḥussâd

nein lâ

Nest *ushsh, *ishâsh

nichts lâ shai'

niemals abadan

niemand lâ aḥad

nirgends lâ fî makân

noch aiḍan

nochmals marratan uchrâ

Norden shamâl

notwendig ḍurûrî

Nummer raqm, arqâm

nur faqaṭ

O

Oase wâha (w), -ât
oben fauqa
Obst fawâkih (w, Mz)
obwohl ma*a anna
oder au; a: am
offen maftûh
offiziell rasmî
öffnen fataha, yaftahu, iftah!
ohne bidûni
Ohr uthun, athân
Öl (Erd-) naft
Öl (Speise-) zait
Olive zaitûn (Gatt.)
Oman *Umân (w)
Onkel (Bruder des Vaters) *amm, a*mâm
Onkel (Bruder der Mutter) châl, achwâl
Orange burtuqâl (Gatt.)
Ort (Ortschaft) balad, bilâd
Ort (Platz) makân, amkina
Osten sharq

P

paar, ein ... ba*d ...
Paar zaudj
Paket tard, turûd
Palästina Filastîn (w)
Palästinenser filastînî, -yûn
palästinensisch filastînî
Park(anlage) bustân, basâtîn
Partner sharîk, shurakâ'
Pass djawâz as-safr, djawâzât as-safr
passieren *arada, ya*ridu
Persien al-Îrân (w)
Person shachs, ashchâs
Pfeffer fulful
Pferd (Hengst) hisân, ahsina
Pferd (Stute) faras (w), afrâs
Pferde (allg.) chail (Gatt.)
Pfirsich darrâq (Gatt.)
Pflanze nabât, nabâtât
Pflaume chauch (Gatt.)
Pilz futr (Gatt.)
platt (Reifen) munthakab
Platz (in der Stadt) sâha (w), -ât
Platz (Ort) makân, amkina
Polizei shurta (w)
Polizist shurtî, -yûn
Post barîd
Postamt maktab al-barîd
Präservativ kabbûd, kabâbîd
Preis si*r, as*âr; a: thaman, athmân
pro Person/Kopf *alâ ar-ra's
Problem mushkila (w), mashâkil
profitieren (von) istafâda, yastafîdu
Prophet nâbîy, anbîyâ'
Protestant brutestantî, -yûn
Prüfung fahs, fuhûs
Pumpe (Reifen-) minfâch, manâfîch

Q

Qatar Qatar (w)
Qualm duchân
Quitte safardjal (Gatt.)
Quittung wasl, wusûl

R

Radiergummi mahhâya (w), -ât
Radieschen fudjl (Gatt.)
Rand hâffa (w), -ât
Ratte djurath, djurthân
rauchen dachchana, yudachchinu, dachchin!
Rechnung hisâb, -ât

Recht, du hast ...! ma*aka al-haqq!
rechts yamînan
Regen matar, amtâr
reich ghaniy
reiche Leute aghniyâ' (Mz)
reichen (genügen) kafâ, yakfî
reicht, es ...! hasbuka!
Reifen itâr, -ât
Reis ruzz, aruzza
Reise rihla (w), -ât
reisen sâfara, yusâfiru, sâfir!
Reisender musâfir, -ûn
Reiseschecks shîkât siyâhîya
Reißverschluss sûsta (w), -ât
Religion dîn, adyân
Reparatur taslîh, -ât
reparieren sallaha, yusallihu, sallih!
Restaurant mat*am, matâ*im
Rezept (Arzt-) wasfa (w), -ât
richtig sahîh
Richtung ittidjâh, -ât
Rindfleisch lahm *ijl
ringsherum haula
rot ahmar (m), hamrâ' (w)
Rückkehr *auda (w)

S

Sache shai', ashyâ'
sagen qâla, yaqûlu, qul!
Salz milh
Sandsturm *âsifa ramlîya, *awâsif ramlîya
satt shab*ân
sauber nazîf
säubern nazzafa, yunazzifu, nazzif!
Saudi-Arabien as-Sa*ûdîya (w)
sauer (Speise) hâmid
Schaden darar, adrâr
Schalter (Amt) shubbâk, shabâbîk
schämen, sich istahyâ, yastahî, istihi!
scharf (Gewürz) hâdd
Scheck shîk, -ât
Scheich shaich, shuyûch
Schere miqass, -ât
Scherz muzah
schicken arsala, yursilu, arsil!
Schiff safîna (w), sufun
Schiit shi*î, -yûn
Schirm (Regen-) mizalla (w), -ât
Schirm (Sonnen-) shamsîya (w), -ât
Schlaf naum
schlafen nâma, yanâmu, nim!
Schlaganfall sikta qalbîya (w)
schlagen daraba, yadrubu, udrub!
Schlange thu*bân, tha*âbîn
schlecht (Bewertg.) saiyi'
schließen aghlaqa, yughliqu, aghliq!
Schloss (Tür-) qufl, aqfâl
Schlüssel miftah, mafâtih
schmackhaft lathîth
Schmerz alm
schmerzen 'âlama, yu'limu
schmutzig wasich
Schnee thalj
schneiden qatara, yaqtaru, iqtar!
schnell sarî*
schnell, mach ...! bi sur*a!
schön djamîl
Schrank chizâna (w), chazâ'in
Schraube burghî, barâghî
Schraubenschlüssel miftah samûla
Schraubenzieher mifakk
schreiben kataba, yaktubu, uktub!
Schuh (Frauen-) hitha', ahthiya

schuld, du bist ...! ath-thanb *alaika/-ki! (m/w)

schwach (Dinge) chafîf

schwach (Personen) ḏa*îf

schwanger hâmil

schwarz aswad (m), sauda' (w)

Schwein chinzîr, chanâzir

Schweiz Swîsrâ (w)

schwer (Gewicht) ṯhaqîl

Schwester ucht (w), achawât

schwierig ṣa*ab

Schwur qasam, aqsâm

sehen ra'â, yarâ, ra!

sehr djiddan

Seife ṣabûn (Gatt.)

sei ...! kun/kûnî ...! (m/w)

seit wann? munthu mata?

seit munthu

Seite (Buch) safha (w), -ât

Seite (Flanke) djanib, djawânib

Semester faṣl, fuṣûl

Senf chardal

setzen, sich adjlasa, yudjlisu, adjlis!

sie (Ez) hiya

sie (Mz) hum (m), hunna (w)

Sie (ihr) antum (m), antunna (w)

Sitte, Tradition taqalîd; a: *âdât (w)

sitzen djalasa, yadjlisu, idjlis!

Sitzung djalsa (w), -ât

sogar hatta

Sohn ibn, abnâ'

solange ma dâma

Soldat djundî, djunûd

sollen lazima an, yalzamu

Sommer ṣaif, aṣyâf

sondern bal

Sonne shams, shumûs

Sorte (Art) nau*, anwâ*

spät (zu spät) muta'achchir

Sprache lugha (w), lughât

sprechen takallama, yatakallamu, itkallam!

Spritze ibra (w), ibar

Staat daula (w), duwal

staatlich hukûmî

Stadt madîna (w), mudun

stark qâwî

Staub ghubâr

stehen waqafa, yaqifu, qif!

stehen, bleib ...! qif! (m), qifî! (w)

stehlen saraqa, yasruqu

Stempel chatam, chutûm

sterben mâta, yamûtu

steril (keimfrei) mu*aqqam

Stern nadjm, nudjûm

Stiefel djazma (w), -ât

Stoff, Textil qumâsh, aqmisha

Straße shâri*, shawâri*

Streichhölzer kibrît

Strich (Linie) chatt, chutût

Stück qit*a (w), qita*

Student tâlib, tullâb

Stuhl kursî, karâsi

stumm achras

Sturm *âṣifa (w), *awâṣef

suchen bahatha *an, yabhathu, ibhath!

Sudan as-Sûdân (w)

Süden djunûb

Superbenzin mumtâz

süß huluw

Süßigkeiten halawîyât

Syrien as-Sûrîya (w)

syrisch-orthodox siriân

T

Tabak tabagh

Tablett sînîya (w), ṣawânî

Tablette qurṣ, aqrâṣ

Tag yaum, aiyâm

Tag (Ggs.: Nacht) nahr, anhâr
Tal wâdî, audîya
Tank (z. B. Auto-) chazzân, chazâzîn
Tankstelle mahattat benzîn (w)
Tante (Schwester der Mutter) châla (w), -ât
Tante (Schwester des Vaters) *amma (w), -ât
tanzen raqasa, yarqusu, urqus!
Tasche shanta, shunat
Tasche (Hosen-) djaib, djuyûb
Taschentuch mandîl, manâdîl
taub atrâsh
Taube hammâm (Gatt.)
Taxi taksi
Techniker muhandis, -ûn
Tee shâi
Telefon hâtif, hawâtif
telefonieren ittasala, yattasilu, ittasil!
Telegramm barqîya (w), -ât
Teller sahn, suhûn
Teppich sadjdjâda (w), sadjâdjîd
teurer aghlâ
tief *amîq
Tier haiwân, -ât
Tigris ad-Dadjla (w)
Tisch tawîla (w), -ât
Tochter bint (w), banât
Toilette tuwalît, -ât
Toilettenpapier manâdîl tuwalît
tragen hamala, yahmilu, ihmil!
Treffpunkt mau*id, mawâ*id
Treppe daradj, adrâdj
treu muchlis
trinken shariba, yashrabu, ishrab!
Trinkgeld baqshîsh
trotzdem ma*a thalika
Tunesien Tûnis (w)
Tür bâb, abwâb
Türkei Turkîya (w)

U

überall fî kull makân
überlegen fakkara, yufakkiru, fakkir!
übersetzen tardjama, yutardjimu, tardjim!
Uhr sâ*a (w), -ât
Uhrzeit sâ*a (w)
und wa, w-
Unfall hâdith, hawâdith
unhöflich qalîl adab
unreif (Früchte) fidjdj
unten taht
unter tahta
Unterschied farq, furûq
Unterschrift tauqî*, tawâqi*
Untersuchung (Arzt) kashf
Untersuchung (Zoll) taftîsh, tafâtîsh
unterwegs *alâ at-tarîq
Urin baul
Urlaub idjâza (w)

V

Vater ab, âbâ'
Ventilator tahwîya (w), -ât
verantwortlich mas'ûl
Vereinigte Arab. Emirate al-Amîrât al-muttahida
verboten mamnû*
verkaufen bâ*a, yabî*u, bi*!
verheiratet mutazauwidj
verlangen talaba, yatlubu, utlub!
verlängern maddada, yumaddidu
verlassen taraka, yatruku, utruk!
verletzt madjrûh
Verletzter madjrûh, -ûn
verlieben, sich *ashiqa, ya*shaqu
verlieren faqada, yafqidu

verschenken ahdâ, yuhdî
Versicherung ta'mîn
Verspätung ta'chîr, -ât
versprechen wa*ada, ya*idu, *id!
verstanden! mafhûm!
verstehen fahima, yafhamu, ifham!
Vertrag *aqd, *uqûd
Verwandte aqârib (Mz)
viel kathîr
Viertel, ein rub*a
Viertel (Stadt-) haiy, ahyâ'
Visum vîsa (w), -ât; a: ta'shira (w), -ât
Vogel tair, tuyûr
Volk sha*ab, shu*ûb
voll (gefüllt) mal'ân
von min
vorgestern auwala amsi
vorig mâdî
voriges Jahr as-sanna al-mâdîya
vorn muqaddim
Vorsicht! ihtaris!
vorsichtig hathir
vorsichtig, sei …! kun hathiran! (m), kûnî hathiratan (w)

W

wach sâhî
Wagen *araba (w), -ât
wählen ichtâra, yachtâru, ichtar!
wahr sahîh
Wahrheit haqîqa (w), haqâ'iq
Wald ghâba (w), -ât
wann? mata?
war (Verb) kâna, yukûnu, kun!
warm (Dinge) sâchin
warm (Wetter, Luft) hârr
warten intazara, yantaziru, intazir!
warum? limâthâ?
was? mâthâ?
waschen (etw./jmd.) ghasala, yaghsilu, ighsil!
waschen, sich istahamma, yastahammu, istahmim!
Wasser mâ'
Wasserhahn hanâfîya (w), -ât
Wassermelone battîch (Gatt.)
Watte qutun tibbî
wechseln (Geld) sarrafa, yusarrifu, sarrif!
wechseln (etw.) ghayyar, yughayyiru, ghayyir!
Weg tarîq, turuq
wegen bi-sabab
weil li'anna
Wein (Getränk) chamr
Wein (Trauben) *inab (Gatt.)
weiß abyad (m), baida' (w)
weit ba*îd
welche(r, -s) aiy (m), aiya (w)
Welt *âlam
wenig qalîl
wenn (zeitlich) *indamâ
wenn (falls) ithâ; a: inn
wer? man?
werden asbaha, yusbihu
Werkstatt warsha (w), wurash
Wert qîma (w)
weshalb? limâthâ?
Westen gharb
westlich gharbî
Wetter taqs
wichtig muhimm
wie (Vergleich) mithla
wie? kaifa?
wieder aidan
wieso? limâthâ?; a: kaifa?
wieviel? kam?
wieviel kostet …? bikam?
Wind rîh
Winter shittâ'
wir nahnu
wissen *alima, ya*lamu, i*lam!
wo? aina?

wofür? limâthâ?
woher? min-aina?
wohin? ilâ-aina?
wohnen sakana, yaskunu
Wohnung manzil, manâzil
wollen arâda, yurîdu
Wort kalima (w), -ât
Wunde djurh, djurûh
Wüste sahrâ'

Z

zählen *adda, ya*uddu
Zahn sinn, asnân
Zahnbürste furshat asnân, furshât asnân
zeigen arâ, yurî, ari!
Zelt chaima (w), chiyam
zelten chaiyam, yuchaiyimu
zerbrechen kasara, yaksiru
zerbrochen mukassar
zerstören charaba, yachrabu
Zeuge shâhid, shuhûd
Zigarette sîgâra (w), sagâyir
Zimmer ghurfa (w), ghuraf
Zoll djumruk; a: djamârik
Zöllner djumruki, -yûn
Zucker sukkar
zufrieden mabsût
Zündkerze sham*a ihtirâq (w)
Zunge lisân, alsun
zurück ilâ al-chalf
Zylinder (Auto) silinder, -ât
Zypern Qubrus (w)

Wörterliste Hocharabisch – Deutsch

A

ab, âbâ' Vater
abadan niemals
***abbâ, yu*abbî,** (auf)füllen (z. B. Autotank)
ach, ichwa Bruder
âchar (m), uchrâ (w) andere(r)
'achatha, ya'chuthu nehmen
achbara, yachbiru benachrichtigen, ausrichten
âchir letzter
achras stumm
achta'a, yuchti'u sich irren
adab Höflichkeit
***âdât (w)** Sitte, Tradition, Gewohnheit
***adda, ya*uddu** zählen
ad-Dadjla (w) Tigris
adjâba, yudjîbu antworten
***adjîb** merkwürdig
adjlasa, yudjlisu sich setzen
adjnabî, adjânib fremd; Ausländer
***afwan!** Entschuldigung!
aghlâ teurer
aghlaqa, yughliqu schließen
aghniyâ' (Mz) reiche Leute
aghthîya (w) Lebensmittel
ahabba, yuhibbu mögen, lieben
ahad jemand
ahdâ, yuhdî verschenken
ahdara, yuhdiru holen
ahsan besser
ahyânan manchmal
aidan wieder; noch; auch
***â'ila (w), -ât** Familie
***ain, *uyûn** Auge
aina? wo?
aiy (m), -a (w) welche(r)
'akala, ya'kulu essen
akl Essen (Speise)
akthar mehr
***alâ** auf
***alâ ar-ra's** pro Person/Kopf
***alâ at-tarîq** unterwegs
***alâ mahl!** habe Geduld!
***alâ mahlika/-ki! (m/w)** mach langsam!
***alâ tûl** geradeaus
al-achîr der letzte
***âlam** Welt
'âlama, yu'limu schmerzen
al-Amîrât al-muttahida Vereinigte Arabische Emirate
al-ân jetzt
âlat at-tanbîh Hupe
al-Bahrain (w) Bahrain
al-châridj Ausland
al-djaish Militär
al-Djazâ'ir (w) Algerien
al-Furât (w) Euphrat
***âli** hoch
***alima, ya*lamu** wissen
al-Îrân (w) Persien, Iran
al-*Iraq (w) Irak
al-kitâb al-muqaddas Bibel
al-Kuwait (w) Kuweit
allâh Gott
alm Schmerz
al-Maghrib (w) Marokko
almânî deutsch
almânî, almân Deutscher
almânîya (w), -ât Deutsche
Almâniyâ (w) Deutschland
al-masîhîya (w) Christentum
al-Qâhira (w) Kairo

Wörterliste Hocharabisch – Deutsch

al-Quds (w) Jerusalem
al-Urdun (w) Jordanien
al-Yaman (w) Jemen
al-yaum heute
al-yaum sabahan heute morgen
am oder
'amara, ya'muru befehlen
***amila, ya*malu** arbeiten
***amîq** tief
amr, umûr Befehl
Amrîka (w) Amerika
amsi gestern
amti*a (w, Mz) Gepäck
an dass
anâ ich
ana âsif/-a! (m/w) das tut mir Leid!
***anâ, ya*nî** meinen, bedeuten, heißen
anf, unûf Nase
ânisa (w), -ât Fräulein
anna dass
anta (m) du
anti (w) du
antum (m) ihr, Sie
antunna (w) ihr, Sie
aqârib (Mz) Verwandte
***aqd, *uqûd** Vertrag
arâ, yurî zeigen
***araba (w), -ât** Wagen
***arada, ya*ridu** passieren
arâda, yurîdu wollen
aradî muhtalla (w) besetzte Gebiete
***arafa, ya*rifu** kennen
ard (w), aradî Boden
***arîs, *urus** Bräutigam
arsala, yursilu schicken
***arûs (w), *arâ'is** Braut
***asal** Honig
asbaha, yusbihu werden
***âsha, ya*îshu** leben
***ashâ'** Abendessen
***ashiqa, ya*shaqu** sich verlieben
***âsifa (w), *awâsef** Sturm
***âsifa ramlîya** Sandsturm
Âsîya (w) Asien
***askarî** militärisch
asmâk (Mz) Fisch
as-sanna al-mâdîya voriges Jahr
as-Sa*ûdîya (w) Saudi-Arabien
as-Sûdân (w) Sudan
as-sukkân Bevölkerung
as-Sûrîya (w) Syrien
a*tâ, yu*tî geben
athâr archäologische Stätten
atrâsh taub
***atsh** Durst
***atshân** durstig
au oder
***auda (w)** Rückkehr
ausala, yûsilu hinbringen
auwala amsi vorgestern

B

bâ*a, yabî*u verkaufen
bâb, abwâb Tür
bachîl geizig
ba*d ... ein paar ...
ba*da nach (zeitl.)
ba*da thalika danach, nachdem
badalan anstatt
Baghdâd (w) Bagdad
bahatha *an, yabhathu suchen
bahr Meer
ba*îd weit, fern
baid (Gatt.) Ei
Bairût (w) Beirut
bait, buyût Haus
bal sondern
balad, bilâd Ort (Ortschaft)
balkûn, -ât Balkon
bank, bunûk Bank
bantalûn, -ât Hose
baqar (Gatt.) Kuh
baqiya, yabqâ bleiben
baqshîsh Trinkgeld
bard Kälte; Erkältung
barîd Post
bârid kalt

barqîya (w), -ât Telegramm
bâs̲, bâs̲ât Bus
bashara (w) Haut
bashi* hässlich
bat̲ât̲â (Gatt.) Kartoffel
bat̲î* langsam (Eigenschaft)
bat̲n, but̲ûn Bauch
bat̲t̲ârîya (w), -ât Batterie
bat̲t̲îch (Gatt.) Wassermelone
baul Urin
bâzillâ' (Gatt.) Erbsen
benzîn (*âdi) Benzin (normal)
bi sur*a! mach schnell!
bidûni ohne
bi-hudu' langsam
bikam? wie viel kostet?
bilâd, buldân Land
bil-barîd al-dj̲âwi per Luftpost
bin-natîdj̲a (w) folglich
bint (w), banât Mädchen
bint (w), banât Tochter
biqâla (w), -ât Lebensmittelladen
bîra (w), -ât Bier
bi-sabab wegen
bit̲âqat al-huwiyya (w) Ausweis
bith-thabt genau
brutestantî, -yûn Protestant
burghî, barâghî Schraube
burtuqâl (Gatt.) Orange
bustân, basâtîn Park(anlage)
bûz̲a (w) (Speise-)Eis

C

chabar, achbâr Nachricht
châfa, yachûfu sich fürchten
chaffad̲a, yuchaffid̲u ermäßigen
chafîf schwach (Dinge); leicht (Gewicht)
châ'if ängstlich
chail (Gatt.) Pferde (allg.)
chaima (w), chiyam Zelt
chaiyam, yuchaiyimu zelten
chalfan hinten
châlî leer (Ort)
chall Essig
chamr Wein (Getränk)
charaba, yachrabu zerstören
chardal Senf
châridj̲ draußen, außerhalb
charîf Herbst
chashab Holz
chas̲m Ermäßigung
chatam, chutûm Stempel
chat̲ar Gefahr
chat̲îr gefährlich
chat̲t̲, chut̲ut̲ Strich, Linie
chauch (Gatt.) Pflaume
chauf Furcht, Angst
chazzân, chazâzîn Tank (z. B. Autotank)
chinzîr, chanâzir Schwein
chiyâr (Gatt.) Gurke
chizâna (w), chazâ'in Schrank
chubz Brot
chud̲ar (Mz) Gemüse

D

da*â, yad*û einladen
dachala, yadchulu eintreten
dachchana, yudachchinu rauchen
dâchil innerhalb
dafa*a, yadfa*u bezahlen
d̲ah̲ika, yad̲h̲aku lachen
d̲ah̲ika *alâ, yad̲h̲aku *alâauslachen
d̲a*îf schwach (Person)

d̲aif, d̲uyûf Gast

dâ'iman immer

damm Blut

dandûrma (w) (Speise-)Eis

daqîq Mehl

daqîqa (w), daqâ'iq Minute

daqîqan genau

daqqa, yaduqqu klopfen

d̲araba, yad̲rubu schlagen

daradj, adrâdj Treppe

daradja (w), -ât Klasse (Zug)

d̲arar, ad̲râr Schaden

darrâdja (w), -ât Fahr-/Motorrad

darrâq (Gatt.) Pfirsich

d̲au' Licht

daula (w), duwal Staat

daura (w), -ât (Sprach)Kurs

d̲âuwi (m), -ya (w) hell

dawâ', adwîya Medikament

d̲idda gegen

Dimashq (w) Damaskus

dîn, adyân Religion, Glaube (relig.)

djâ'a, yadji'u kommen

djabal, djibâl Berg (Mʒ: Gebirge)

djabân, djubanâ' feige

djadd, adjdâd Großvater

djadda (w), -ât Großmutter

djadîr bil-ihtimâm interessant

djaib, djuyûb Tasche (Hosen-)

djaiyid gut

djalaba, yadjlibu bringen (jmd.)

djalasa, yadjlisu sitzen

djalsa (w), -ât Sitzung

djamal, djimâl Kamel

djamârik Zoll

djâmi*, djawâmi* Moschee

djamîl schön

djanib, djawânib Seite (Flanke)

djaras, adjrâs Klingel

djarraba, yudjarribu ausprobieren

djau*ân hungrig

djauwâb, adjwiba Antwort

djawâz, -ât as-safr Pass

djazma (w), -ât Stiefel

djiddan sehr

djiddî ernsthaft

djild Leder

djildî ledern

djisr, djusûr Brücke

djrîb Grippe

djû* Hunger

djubna (w) Käse

djumruk Zoll

djumruki, -yûn Zöllner

djundî, djunûd Soldat

djunûb Süden

djurath, djurthân Ratte

djurh̲, djurûh̲ Wunde

dubb, dibaba Bär

dubriyâdj Kupplung

duch̲ân Qualm

dudjâdj (Gatt.) Huhn

dukkân, dakâkin Geschäft, Laden

dullâr, -ât Dollar

d̲urûrî notwendig

fa*ala, yaf*alu machen

fâd̲i leer (Ort)

fahima, yafhamu verstehen

fah̲s, fuh̲ûs Prüfung

fakkara, yufakkiru überlegen

fakkara fî, yufakkiru fî denken (an)

faqada, yafqidu verlieren

faqat̲ nur

faqîr arm

fa'r, fi'rân Maus

far*, furû* Ast

faras (w), afrâs Pferd (Stute)

farmala, farâmil Bremse

farq, furûq Unterschied

fasl, fusûl Jahreszeit; Semester
fataha, yaftahu öffnen
fauqa oben
fawâkih (w, Mz) Obst
fî in
fî kull makân überall
fî kull waqt jederzeit
fî makân mâ irgendwo
fidjdj unreif (Früchte)
fikr (w), afkâr Gedanke
Filastîn (w) Palästina
filastînî palästinensisch
filastînî, -yûn Palästinenser
fistân, fasatîn Kleid
fudjl (Gatt.) Radieschen
fulful Pfeffer
fulûs Geld
funduq, fanâdiq Hotel
fuqarâ' (Mz) arme Leute
furn, afrân Bäckerei
furshat asnân Zahnbürste
fûta (w), fuwat Handtuch
futr (Gatt.) Pilz
futûr Frühstück

G

garsûn Kellner
gâtô Kuchen
ghâba (w), -ât Wald
ghabiy dumm
ghad morgen (folg. Tag)
ghadâ' Mittagessen
ghairuhu ein anderer
ghaiyûr eifersüchtig
ghanam (Gatt.) Hammel
ghaniy reich
gharb Westen
gharbî westlich
ghasala, yaghsilu waschen
ghayyar, yughayyiru wechseln (etw.)
ghinâ' (w) Gesang
ghubâr Staub
ghurfa (w), ghuraf Zimmer

H

habb, hubûb Korn
hâdd scharf (Gewürz)
hadîqa (w), hadâ'iq Garten
hâdith, hawâdith Unfall
hâffa (w), -ât Rand
haiwân, -ât Tier
haiy, ahyâ' Viertel (Stadt-)
haiyât (w) Leben
halawîyât Süßigkeiten
halîb Milch
hallâq, -ûn Friseur
hamala, yahmilu tragen
hâmid sauer (Speise)
hâmil schwanger
hammada, yuhammidu entwickeln (Film)
hammâm (Gatt.) Taube
hammâm, -ât Bad
hanâfîya (w), -ât Wasserhahn
hanna'a, yuhanni'u gratulieren
haqîba (w), haqâ'ib Koffer
haqîqa (w), haqâ'iq Wahrheit
hâra (w), -ât Gasse
hârr warm, heiß (Wetter, Luft)
hasbuka! es reicht!
hashîsh Gras
hâsid, hussâd neidisch
hâthâ (m, Ez) dieser
hâthihî (w, Ez) diese
hathir vorsichtig
hâtif, hawâtif Telefon
hatta sogar; bis
haula ringsherum
hâ'ulâ'i (Mz) diese
himâr, hamîr Esel
hisâb, -ât Rechnung
hisân, ahsina Pferd (Hengst)
hithâ', ahthiya Schuh (Frauen-)
hiya sie (Ez)
hudûd (Ez/Mz) Grenze

hukûmî staatlich
huluw süß
hum (m) sie (Mz)
hunna (w) sie (Mz)
hummâ Fieber
hunâ hier
hunâka dort
hunâlika dort
hurr frei
hurrîya (w) Freiheit
huwa er

I

ibl (Gatt.) Kamel
ibn, abnâ' Sohn
ibra (w), ibar Spritze
ichtâra, yachtâru wählen
***îd, a*yâd** Fest
***îd milâd** Geburtstag
îdjâr Miete
idjâza (w) Urlaub, Ferien; Erlaubnis
Ifriqîya (w) Afrika
ihtâdja, yahtâdju brauchen (etw.)
ihtaris! Vorsicht!
ilâ nach (örtl.), für
ilâ ad-dâchil hinein
ilâ al-chalf zurück
ilâ-aina? wohin?
ilâ-mata bis wann
illâ außer
imma ... au ... entweder ... oder ...
imra'a, nisâ' Frau
***inab (Gatt.)** Wein (Trauben)
***inda** an (örtl.), bei
***inda-... (+ besitzanzeigende Endung)** haben
***indamâ** wenn (zeitl.)
inn wenn, falls
inqadâ, yanqadî ablaufen (Gültigkeit)
insân, nâs Mensch
intahâ, yantahî beenden
intazara, yantaziru warten
iqâma (w), -ât Aufenthalt, -srecht
is'hâl Durchfall
ishârat al-murûr (w) Ampel
ishtakâ, yashtakî sich beschweren
ishtarâ, yashtarî kaufen
islâm Islam
ism, asmâ' Name
Isrâ'îl (w) Israel
ista*âra, yasta*îru sich leihen
istafâda, yastafîdu ausnutzen, profitieren (von)
istahamma, yastahammun sich waschen
istahyâ, yastahî sich schämen
istamarra, yastamirru dauern
istatâ*a, yastatî*u können
istithnâ' Ausnahme
itâr, -ât Reifen
ithâ wenn, falls
ittasala, yattasilu telefonieren
ittidjâh, -ât Richtung

K

ka*ak (Gatt.) Gebäck (süß)
ka'anna als ob
kabbûd, kabâbîd Präservativ
kabîr groß
kafâ, yakfî genügen, reichen
kâfah, yukâfih kämpfen
kaifa? wieso?, wie?
kalb, kilâb Hund
kalima (w), -ât Wort
kam? wieviel?
kâna, yukûnu war (Verb)
kanîsa (w), kanâyis Kirche
karaz (Gatt.) Kirsche
ka's (w), ku'ûs Glas
kasara, yaksiru zerbrechen
kashf Untersuchung (Arzt)
kaslân faul (träge)

kataba, yaktubu schreiben
kathaba, yakthibu lügen
kathîr viel
kaththâb, -ûn Lügner
katolikî, -yûn Katholik
kibrît Streichhölzer
kitâb, kutub Buch
kithb Lüge
kull alle, jede ...
kull shai' alles
kull wâhid jeder
kummathrâ (Gatt.) Birne (Frucht)
kun/kûnî ...! (m/w) sei ...!
kun hathiran! (m) / kûnî hathiratan (w) sei vorsichtig!
kursî, karâsi Stuhl

L

lâ nein; kein ...
lâ ahad niemand, keiner
lâ fî makân nirgends
lâ shai' nichts
laban Milch
laban râ'ib Joghurt
labisa, yalbasu anziehen (sich etw.)
lahm (Gatt.) Fleisch
lahm *ijl Rindfleisch
lâkin aber
lamba (w), -ât Birne (elektr.)
lathîth schmackhaft
lathîth köstlich
latîf lieb (nett)
lau falls
laun, alwân Farbe
lâzim müssen
lazima an, yalzamu an sollen
li-an denn
li'anna weil
Lîbîyâ (w) Libyen
likai damit
limâthâ? wieso?, wofür?, warum?, weshalb?
lisân, alsun Zunge
liss, lusûs Dieb
Lubnân (w) Libanon
lugha (w), lughât Sprache
luhûm (Mz) Fleisch

M

mâ' Wasser
mâ *adda außer
ma dâma solange
ma*a mit
ma*a anna obwohl
ma*a as-salâma auf Wiedersehen
ma*a thalika trotzdem
ma*aka al-haqq! du hast Recht!
mablûl nass
mabrûk! Glückwunsch!
mabsût zufrieden
machbûl, machâbil Idiot
machraj Ausgang, -fahrt
madchal Eingang, -fahrt
maddada, yumaddidu verlängern
mâdî vorig
madîna (w), mudun Stadt
madjrûh verletzt
madjrûh, -ûn Verletzter
mafhûm! verstanden!
mafraq, mafâriq Kreuzung
maftûh offen
mahatta (w), -ât Bahnhof, Haltestelle
mahattat benzîn (w) Tankstelle
mahhâya (w), -ât Radiergummi
ma*ida (w) Magen
makân, amkina Platz, Ort
maktab, makâtib Büro
maktab al-barîd Postamt
malâbis Kleidung
malâk, malâ'ik Engel
mal'ân voll (gefüllt)
mamnû* verboten
man? wer?
ma*nâ Bedeutung

manâdîl tuwalît Toilettenpapier
mandîl, manâdîl Taschentuch
manzil, manâzil Wohnung
marad, amrâd Krankheit
marîd krank
markât almânîya (Mz) Deutsche Mark
marra (w), -ât Mal (z. B. erstes)
marratan uchrâ nochmals
ma*rûf bekannt; Gefallen
masa' al-chair! guten Abend!
mashghûl besetzt
mash'hûr berühmt
mâshiyan gehend (zu Fuß)
masîhî, -yûn Christ
mas'ûl verantwortlich
mâsûra (w) Auspuff
mata? wann?
mâta, yamûtu sterben
mat*am, matâ*im Restaurant
matar, amtâr Regen
matâr, -ât Flughafen
matbach, matâbich Küche
mâthâ? was?
mattât (Gatt.) Gummi
maudjûd anwesend
mau*id, mawâ*id Treffpunkt
mauqif, mawâqif Haltestelle
Mauritânîya (w) Mauretanien
mauz (Gatt.) Banane
mazût Diesel
mifakk Schraubenzieher
miftah, mafâtih Schlüssel
miftah samûla Schraubenschlüssel
miknasa (w), makânis Besen
milaff Akte
mil*aqa (w), malâ*iq Löffel
milh Salz
min von, aus
min adjli damit, für
min-aina? woher?
minfâch, manâfîch Pumpe (Reifen-)
miqass, -ât Schere
mis*ad, masâ*id Fahrstuhl
misbâh, masâbîh Lampe
mishmish (Gatt.) Aprikose
Misr (w) Ägypten
mithla wie (Vergleich)
mizalla (w), -ât Schirm (Regen-)
motôr, -ât Motor
motôsîkl, -ât Motorrad
mu'addab höflich
mu*aqqam steril (keimfrei)
mubakkir früh
muchlis treu
mudarris, -ûn Lehrer
mudda (w) Dauer
mud'hik lustig
mudîr, -ûn Chef, Direktor
mudjtahid fleißig
muhâmî, -yûn Anwalt
muhandis, -ûn Techniker, Ingenieur
muhimm wichtig
mukassar zerbrochen
mulauwan bunt
mulkîya (w), -ât Besitz, Eigentum
mumalah gesalzen
mumtâz Superbenzin
munthakab platt (Reifen)
munthu seit
munthu mata? seit wann?
muqaddas heilig
muqaddim vorn
murabbâ Marmelade
murr bitter
mursal ilaihi Empfänger
mursil Absender
musâ*ada (w), -ât Hilfe
musâfir, -ûn Reisender
musawwir, -ûn Fotograf

mushâbih gleich
mushkila (w), mas-hâkil Problem
musht, amshât Kamm
muslim, -ûn Moslem
musta*djil eilig
mustashfâ (w), -yât Krankenhaus
muta'achchir spät (zu spät)
mutauwasit mittelmäßig
mutazauwidj verheiratet
mutlaf beschädigt
muwâfiq! einverstanden!
muwazzaf, -ûn Beamter, Angestellter
muwazzi* al-barîd Briefträger
muzah Scherz

N

na*am ja
nabât, nabâtât Pflanze
nâbîy, anbîyâ' Prophet
nadjm, nudjûm Stern
nâfitha (w), -ât Fenster
naft Öl (Erd-)
nahîl dünn
nahnu wir
nahr, anhâr Tag (Ggs.: Nacht)
nâma, yanâmu schlafen
nâmûs (Gatt.) Mücke, Moskito
nâr, nîrân Feuer
natîdja (w), natâ'idj Kalender
nau*, anwâ* Art, Sorte
naum Schlaf
nâwâmîs (Mz) Mücken
nazâra (w), -ât Brille
nazîf sauber
nazzafa, yunazzifu säubern
nisf halb; Hälfte
nuqûd Geld

Q

qâ'a, yaqî'u sich erbrechen
qabbala, yuqabbilu küssen
qabla bevor
qadam (w), aqdâm Fuß
qahwa (w) Kaffee
qal*a (w), qilâ* Burg
qâla, yaqûlu sagen
qalam nâshif Kugelschreiber
qalam rasâs Bleistift
qalb, qulûb Herz
qalîl wenig, etwas, bisschen
qalîl adab unhöflich, frech
qamar, aqmâr Mond
qara'a, yaqra'u lesen
qarîb nahe
qarya (w), qurâ Dorf
qâsa, yaqîsu anprobieren
qasam Eid
qasam, aqsâm Eid, Schwur
qasîr kurz
Qatar (w) Qatar
qatara, yaqtaru schneiden
qâwî stark
qif!, qifî! (m/w) halt!, bleib stehen!
qîma (w) Wert
qit*a (w), qita* Stück
qitâr, -ât Eisenbahnwagen
qitta (w), -ât Katze
qiyâs Größe (Kleidung)
qubba*a (w), -ât Hut
qubla (w), -ât Kuss
Qubrus (w) Zypern
qufl, aqfâl (Tür)Schloss
qumâma (w) Müll
qumâsh, aqmisha Stoff, Textil
qunsulîya (w), -ât Konsulat
qur'ân Koran
qurb Nähe
qurs, aqrâs Tablette
qutun tibbî Watte

Wörterliste Hocharabisch – Deutsch

R

ra'â, yarâ sehen
rabî* Frühling
rachîs billig
radjîm Diät
radjul, ridjâl Mann
ra'î Meinung
rakada, yarkudu laufen
ramâd Asche
raqasa, yarqusu tanzen
raqba (w), -ât Hals
raqm, arqâm Nummer
ra's, ru'ûs Kopf
rasmî offiziell
rîh Wind
riha (w) Geruch
rihla (w), -ât Reise
risâla (w), rasâ'il Brief
rishwa (w) Bestechung
rub*a ein Viertel
rukba (w), rukab Knie
rûmî ortodoks griechisch-orthodox
ruzz, aruzza Reis

S

sâ*a (w) Uhrzeit
sâ*a (w), -ât Uhr
sa*ab schwierig, kompliziert
sâ*ada, yusâ*idu helfen
sa'ala, yas'alu fragen
sabab, asbâb Anlass, Grund
sabah Morgen (Tageszeit)
sabâh al-chair! guten Morgen!
sabba, yasubbu beschimpfen
sabr Geduld
sabûn (Gatt.) Seife
sâchin heiß, warm (Dinge)
sadîq, asdiqâ' Freund
sadjdjâda (w) Teppich
sadjdjala, aufschreiben **yusadjdjilu**
sâfara, yusâfiru reisen
safardjal (Gatt.) Quitte
saff, sufûf Klasse (Schule)
safha (w), -ât Seite (Buch)
safîna (w), sufun Schiff
saghîr klein
saghîr bis-sinn jung
sâha (w), -ât Platz (in der Stadt)
sahha (w) Gesundheit
sâhî wach
sahîh wahr, richtig
sahl einfach
sahn, suhûn Teller
sahrâ' Wüste
sa*id, suwâ*id Arm
saidalîya (w) Apotheke
saif, asyâf Sommer
sâ'iq, -ûn Fahrer
saiyâra (w), -ât Auto
saiyi' schlecht (Bewertung)
saiyid, sâda Herr
saiyida (w), -ât Frau, Dame
sakana, yaskunu wohnen
sakkîn, sakâkîn Messer
sakrân betrunken
salafî, -yûn Fundamentalist
salâm, -ât Gruß
salât (w) Gebet
sallaha, reparieren **yusallihu**
samâ' (w) Himmel
sâma, yasûmu fasten
samak (Gatt.) Fisch
saman (Gatt.) Fett
sami*a, yasma*u hören
samîn, simân dick
sana (w), -wât Jahr
sandûq, sanâdîq Kasten
sandûq al-barîd Briefkasten
sâq (w), sîqân Bein
sâqa, yasûqu fahren (steuern)
saraqa, yasruqu stehlen
sarî* schnell
sârî al-maf*ûl gültig
sarîr, asirra Bett

ṣarrafa, yuṣarrifu
wechseln (Geld)

ṣawwara, yuṣawwiru
fotografieren

sha*ab, shu*ûb Volk

shab*ân satt

shâbb jung

shâbb, shabbâb junger Mann

shabîh ähnlich

shachṣ jemand

shachṣ, ashchâṣ Person

shadjar (Gatt.) Baum

shahâda (w), -ât Bescheinigung

shâhid, shuhûd Zeuge

shahr, ashhur Monat

shâi Tee

shai' etwas

shai', ashyâ' Sache, Ding

shai' mâ irgendetwas

shaich, shuyûch Scheich

shakara, yashkuru danken

shakaru *alâ, yashkuru *alâ sich bedanken

shakwâ (w) Beschwerde

sham*a (w) Kerze

sham*a iḥtirâq (w) Zündkerze

shamâl Norden

shams, shumûs Sonne

shamsîya (w), -ât Schirm (Sonnen-)

shanṭa, shunaṭ Tasche

sha*r Haar

sharaḥa, yashraḥu erklären

shâri*, shawâri* Straße

shariba, yashrabu trinken

sharîk, shurakâ' Partner

sharika (w), -ât Firma

sharq Osten

sharshaf, Bettuch sharâshif

shauka (w), shûkât Gabel

shiffa (w), shafâyif Lippe

shi*î, -yûn Schiit

shîk, -ât Scheck

shîkât siyâḥiya Reiseschecks

shittâ' Winter

shubbâk, shabâbîk Fenster

shubbâk, shabâbîk Schalter (Amt)

shughl, ashghâl Arbeit

shukran! danke!

shurṭa (w) Polizei

shurṭî, -yûn Polizist

sidjn, sudjûn Gefängnis

sifâra (w), -ât Botschaft

sigâra (w), sagâyir Zigarette

sikkat ḥadîd (w) Eisenbahn

sikta qalbîya (w) Schlaganfall

silinder, -ât Zylinder (Auto)

silsila (w), salâsil Kette

sînima (w), -ât Kino

sinn, asnân Zahn

si*r, as*âr Preis

siriân syrisch-orthodox

sirr, asrâr Geheimnis

ṣiyâm Fasten

su*âl Husten

su'âl, as'ila Frage

sukkar Zucker

sûq, aswâq Bazar

sur*a (w) Gang (Auto)

ṣûra (w), ṣuwar Bild, Foto

sûsta (w), -ât Reißverschluss

sutra (w), -ât; Jacke

Swîsrâ (w) Schweiz

T

ta*âm Essen (Speise)

ta*arrafa, yata*arrifu kennen lernen (jmd.)

ta*b Müdigkeit

ṭabacha, yaṭbuchu kochen

tabagh Tabak

ta*bân müde

ṭâbat lailatukum! gute Nacht!

ṭâbi*, ṭawâbi* Briefmarke

ṭabî*a Natur

ṭabîb, aṭibbâ' Arzt

ṭâbiq, ṭawâbiq Etage

tachfid Ermäßigung

ta'chîr, -ât Verspätung

tâdjir, tudjdjâr Kaufmann

tafaddal! (m) / tafaddalî! (w) bitte!

taftîsh, tafâtîsh Untersuchung (Zoll)

ṭahîn Mehl

taḥîya (w), -ât Gruß

tahni'a! (w) Glückwunsch!

taḥt unten

taḥta unter

tahwîya (w), -ât Ventilator

ṭair, ṭuyûr Vogel

ṭâ'ira (w), -ât Flugzeug

takâlîf (Mz) Kosten

takallama, yatakallamu sprechen

taksi Taxi

ṭalaba min, bitten

yaṭlubu min

ṭalaba, yaṭlubu verlangen, bestellen

ṭâlib, ṭullâb Student

ta'mîn Versicherung

tamr (Gatt.) Dattel

ṭandjar, ṭanâdjir Kochtopf

taqalîd Sitte, Tradition

ṭaqs Wetter

taraka, yatruku (ver)lassen

ṭard, ṭurûd Paket

tardjama, yutardjimu übersetzen

târîch Datum

ṭarîq, ṭuruq Weg

taṣfiya (w) Ausverkauf

ta*shîqa (w) Kupplung

ta'shira (w), -ât Visum

taṣlîḥ, -ât Reparatur

taṣrîf *umalîyât Geldwechsel

tathkira (w), tathâkir Fahrkarte

tauqî*, tawâqi* Unterschrift

tauwan eben (zeitl.)

tawafaqqa, yatawafaqqu aufhören

ṭawîl lang

ṭawîla (w), -ât Tisch

tazawwadja, yatazawwadju heiraten

thahaba, yathhabu gehen

thakâ' Intelligenz

thakiy intelligent

thaldj (Wasser-)Eis

thalika (m) jener

thalj Schnee

thaman, athmân Preis

thaqâfa (w), thaqâ'if Kultur

thaqîl schwer (Gewicht)

thauq Geschmack

thikr (Mz) Erinnerung

thubâb (Gatt.) Fliege

thu*bân, tha*âbîn Schlange

thûm (Gatt.) Knoblauch

thumma dann

tilka (w) jene

tuffâḥ (Gatt.) Apfel

Tûnis (w) Tunesien

Turkîya (w) Türkei

tuwalît, -ât Toilette

U/V

ucht (w), achawât Schwester

udjra (w) Fahrpreis

ûlâ'ika (Mz) jene

***Umân (w)** Oman

***umla ṣa*ba (w)** Devisen

***umla ṣaghîra (w)** Kleingeld

umm (w), ummahât Mutter

umma (w), ummam Nation

***umr** (Lebens-)Alter

***urs** Hciratsfest

Ûrubba (w) Europa

ûrubbî europäisch

***ushsh, *ishâsh** Nest
uthn Erlaubnis
uthun, athân Ohr
***utla (w), *utlât** Ferien
ûtûbîs, -ât Bus
vîsa (w), -ât Visum

W

wa, w- und
wa*ada, ya*idu versprechen
wada*a, yadi*u legen
wâdî, audîya Tal
wadjada, yadjidu finden
wadjh, wudjûh Gesicht
wâha (w), -ât Oase
walad, aulâd Junge, Kind
wallâ*a (w), -ât Feuerzeug
waqafa, yaqifu stehen
warâ'a hinter
waraq (Gatt.) Blatt (Papier)
warsha (w), wurash Werkstatt
wasala ila, yasilu ankommen (an)
wasat Mitte
wasfa (w), -ât Rezept (Arzt-)
wasich schmutzig
wasl, wusûl Quittung
watan, autân Nation
wathâ'iq (w, Mz) Dokumente
wazîr, wuzarâ' Minister
wazn, auzân Gewicht

Y

yad, aidin Hand
yahûdî, yahûd Jude
yallah! los!
yamînan rechts
ya*nî! es geht!
yasâran links
yaum, aiyâm Tag

Z

zahr (Gatt.) Blume
zait (Speise-)Öl
zaitûn (Gatt.) Olive
zamîl, zumalâ' Kollege
zarf, zurûf Briefumschlag
zaudj Paar
zaudj, azwâdj Ehemann
zaudja (w), -ât Ehefrau
zauwâdj Heirat
zibda (w) Butter
zirr, azrâr Knopf
zubâla (w) Müll
zudjâdja (w), -ât Flasche
zuhr Mittag
zuqâq, aziqqa Gasse

Der Autor

Hans Leu ist 1965 in einem Dorf in Norddeutschland geboren und aufgewachsen. Reisen hat ihn schon früh fasziniert, und während eines kurzen Abstechers mit 16 nach Marokko hat er seine Liebe für die arabische Welt entdeckt. Nach weiteren Reisen im arabischen Osten studierte er Arabistik, das ist arabische Sprache und Literatur, an deutschen Universitäten. Ein Jahr seines Studiums hat er an der Universität Damaskus verbracht, später hat er in Beirut im Libanon an einem Forschungsinstitut gearbeitet.

Seit dem Studium haben ihn viele Reisen in fast alle Länder des Nahen Ostens geführt. Die Faszination der Sprache und der Kultur blieb dabei immer erhalten. Nach seiner Promotion über arabische Philosophie im Mittelalter ist er nunmehr in Forschung und Lehre über dieses Gebiet tätig.

In der Kauderwelsch-Reihe ist von ihm auch (zusammen mit seinem Freund Iyad al-Ghafari) der Band 75, „Palästinensisch-/Syrisch-Arabisch“ erschienen.